브뤼노 라투르 마지막 대화

HABITER LA TERRE by Bruno Latour and Nicolas Truong

Copyright © Les Liens qui Libèrent & Arte éditions, 2022
Korean translation rights © Bokbokseoga. CO., LTD., 2025
This edition is published by arrangement with Les Liens qui Libèrent &
Arte éditions in conjunction with its duly appointed agents Books And
More Agency #BAM, Paris, France and AMO Agency, Korea.
All rights reserved.

이 책의 한국어판 저작권은 AMO 에이전시를 통해 저작권자와 독점 계약한 복
복서가(주)에 있습니다.
저작권법에 의해 한국 내에서 보호를 받는 저작물이므로 무단 전재 및 무단 복
제를 금합니다.

브뤼노 라투르 마지막 대화

브뤼노 라투르, 니콜라 트뤼옹 지음

이세진 옮김 배세진 감수·해제

福
북북서가

Bruno Latour

일러두기

본문의 주석은 감수자주를 제외하고 모두 옮긴이주다.

차례

서문

니콜라 트뤼옹

전달하고 설명하고자 하는 욕구. 또한 자기를 해명하고 싶다는 욕구. 얼핏 따로 노는 것처럼 보이는 다양한 주제를 다루기에 부분적으로 가려져 있던 사상의 일관성에 대해서 말이다. 브뤼노 라투르는 파리 자택에서 이 시리즈 대담에 소탈하고 경쾌하지만 힘있는 태도로 응했다. 그러한 태도는 어떤 순간들에만 나타나는데 우리도 알다시피 생, 특히 정신의 생이 응축되는 순간들이다. 절박한 심정과 이어져 있는 평정, 내재성과 떼려야 뗄 수 없는 임박성, 모든 것을 압축하고 요약하고 펼쳐 보여야 할 필요.

명확성을 고려하되 대화는 즐거워야 하고 퍼포먼스 기술도 있어야 한다. 마치 끝이 다가오면서 모든 것이 선명해지는 것 같았다. 브뤼노 라투르는 2022년 10월 9일에 일흔다섯 살의 나이로 타계했다. 그는 그 세대에서 가장 중요한 프랑스 지식인 중 한 사람이었다. 2018년 10월 25일자 〈뉴욕 타임스〉는 그를 "가장 유명하고 가장 이해받지 못한 프랑스 철학자"라고 평가한 바 있다.

국외에서 특히 유명하고 상복도 많았던 브뤼노 라투르는 홀베르상(2013년)과 그의 모든 저작에 대하여 수여하는 교토상(2021년)을 받았다. 실제로 그는 한동안 프랑스에서 제대로 이해받지 못했다. 그의 연구 대상들이 제각각으로 보였기 때문이다. 라투르가 지식의 거의 모든 분야를 건드렸던 것은 사실이다. 생태학, 법, 근대성, 종교, 그리고 실험실 생활에 대한 충격적인 최초의 저작으로 시작된 과학기술 분야도 물론 빼놓을 수 없다.

브뤼노 라투르와의 대담집 『해명Éclaircissements』을 내놓았던 미셸 세르의 예는 주목할 만하나 프랑스에서 철학은 곧잘 과학 사상이나 실천과 거리를 두곤 했다.

"그는 정치사상의 쟁점이 온전히 생태학적 질문에 있음을 가장 먼저 감지한 인물이었다"라고 사회학자 브뤼노 카르상티는 지적한다. 실제로 1999년부터 미셸 세르의 『자연계약Le Contract raturel』(1990)에 동조하여 발표했던 『자연의 정치Politiques de la nature』가 이를 보여준다.

우상을 파괴하는 사회학자

하지만 이 우상을 파괴하는 사회학자를 대중에게 더 널리 알린 저서를 꼽자면 생태학을 다룬 두 권의 책 『어디에 착륙할 것인가?Où atterir?』(2017, 국내 제목은 '지구와 충돌하지 않고 착륙하는 방법')와 『나는 어디에 있는가?Où suis-je?』(2021)가 아닐까?

1947년 6월 22일 본(코트도르)의 부유한 포도주 네고시앙 가문에서 태어난 그는 우리 시대의 가장 영향력 있는 철학자 중 한 사람이 되었고 새로운 세대의 지식인, 예술가, 생태학적 재앙을 막는 데 관심 있는 투사 들에게 영감을 주었다.

철학자 이자벨 스텡거스가 '가이아 침입'을 기술한 이래로—필리프 피냐르가 『라투르-스텡거스, 뒤얽힌 동반 비행Latour-Stengers, un double vol enchevêtré』에서 말했듯이 라투르와 스텡거스는 오랫동안 지적인 우애를 유지해왔다—브뤼노 라투르는 우리가 살아가고 있는 "새로운 기후 체제"를 부단히 사유해왔다(『가이아 마주하기Face à Gaïa』, 2015). 그는 그 이유를 우리가 인류세에 진입한 이래로 "우리가 사는 세상이 달라졌기 때문"이라고 설명한다. 인류세는 인간이 강력한 지질학적 힘이 된 시대다. "우리는 더이상 같은 세상에 살지 않습니다"라고 그는 단언했다.

17세기부터 근대인들은 자연과 문화, 대상과 주체의 분리가 실제로 유효하다고 믿었다. 그들은 '비인간'은 우리와 이질적인 사물이라고 했지만 '비인간'은 끊임없이 우리와 타협해왔다. 이러한 의미에서 브뤼노 라투르는 "우리는 결코 근대인이었던 적이 없다"고 동명의 책에서 선언했던 것이다.

생명체는 자신의 존재 조건을 만든다

하지만 영국의 생리학자, 화학자, 공학자이자 『가이아: 살아 있는 생명체로서의 지구Gaia: a New Look at Life on Earth』를 쓴 제임스 러브록(1919~2022)의 발견이 있었다. 라투르는 이 발견이 "갈릴레이가 당대에 했던 발견만큼 중요하다"고 말하기도 했다. 그건 바로 생명체들이 자신의 존재 조건을 만든다는 발견이다. 미생물학자 린 마굴리스(1938~2011)도 증명해 보였듯이 대기는 일정하고 항상성을 띠는 것이 아니라 지구에 사는 존재 모두가 만들어 내는 것이다.

이렇듯 우리는 이 얇은 겉면, 지구를 뒤덮고 있는 고작 몇 킬로미터 두께의 거죽 위에서 살고 있다. 지구화학자이자 파리의 지구물리학연구소 교수 제롬 가야르데를 비롯한 일부 과학자들은 우리가 사는 이 부분을 '임계지대 zone critique '•라고 부른다. 우리는 서식 가능한 조건을 유지하기 위해 세계 밖에hors-sol(대지를 벗어나) 사는 게 아니라 이 외피에 '착륙'을 해야 한다. 브뤼노 라투르는 이 외피를 과학적 가설의 명칭이자 고대 그리스신화에서 모든 신을 낳은 모신母神의 이름을 따서 가이아라고 불렀다.

• '임계영역'으로 옮기기도 하지만, '임계영역'이 주로 정보공학에서 'critical section'의 역어로 쓰이고 있으므로 '임계지대'라는 역어를 택했다.

그래야 하는 이유는 우리의 우주론도 바뀌었기 때문이다. 세계와 우리 주위의 존재들에 대한 표상은 더이상 예전 같지 않다. 갈릴레이의 혁명은 지구라는 행성을 다른 천체들에 접근시킴으로써 과학철학자 알렉상드르 쿠아레(1892~1964)의 말마따나 "닫힌 세계에서 무한한 우주로" 나아가게 해주었다. 갈릴레이는 하늘을 올려다보았고 러브록은 땅을 내려다보았다. "갈릴레이가 움직이게 한 지구가 완전해지기 위해서는 러브록이 동요시킨 지구가 더해져야 했다." 브뤼노 라투르는 이렇게 요약한다.

이 때문에 그의 철학은 생태 위기를 원점에서부터 다시 생각하게 한다. 또한 이와 함께 "이 새로운 지구에 착륙할" 수 있도록 행동하게 하기도 한다. 어떻게 그렇게 하느냐고? 각 사람이 "사는 곳이 아니라 사는 방식을 기술하고" 자신이 의존하는 영토의 지도를 만드는 자기기술 autodescription을 통해서. 자기기술의 모델은? 프랑스대혁명 당시 제3신분이 자기들의 영토와 자기들이 시달리는 불평등을 조목조목 기술한 진정서가 그 모델이다. "자기기술을 할 수 있는 국민은 정치적 방향을 전환할 수 있기 때문"이라고 라투르는 말한다.

그의 방법은? 바로 탐구다. 그는 탐구의 위력을 긍정하고 경험하기를 결코 멈추지 않았다(『탐구의 위력Puissances de l'enquête』, 2022*). 실천적 인간이자 경험주의 철학자였던 라투르는 '노란조끼시위'** 이후 '어디에 착륙할 것인가?' 컨소시엄과 함께 라샤트르(앵드르), 생쥐니앵(오트비엔), 리스오랑지스(에손), 세브랑(센생드니)에서 일련의 자기기술연구회를 이끌었다. '당신은 존재하기 위해

- 브뤼노 라투르가 프레데리크 아이투아티, 장미셸 프로동, 도나토 리치와 함께 공저자로 참여한 책.
- 2018년 에마뉘엘 마크롱 정부의 부유세 인하, 유류세 및 자동차세 인상을 주요 골자로 한 조세개혁에 반대하며 시작된 반정부 시위. 시위대가 차량에 의무적으로 비치해야 하는 노란색 안전조끼를 입고 나왔기 때문에 이러한 명칭이 붙었다.

누구에게 의존하는가?'는 "표명되지 않은 불만에서 청원으로 넘어가기" 위한 핵심 질문, 새로운 동맹을 맺는 데 필요한 질문으로 밝혀졌다.

이 질문의 기술은 첫번째 팬데믹 봉쇄 당시 내놓은 자기기술을 돕는 '질문지'에 응축되어 있다. 이 질문지는 강력한 반향을 일으켰고, 집에만 처박혀 있어야 했던 많은 이들은 이 물음을 깊이 성찰할 수 있었다. "현재 중단된 활동들 가운데 앞으로도 재개되지 않았으면 하는 것들은 무엇인가?'('위기 이전의 생산으로 돌아가는 것을 가로막는 행동들을 상상해보라', 〈AOC〉 2020년 3월 30일자)

무리로 이룬 사상

'어디에 착륙할 것인가?'는 이 집합적 사상가가 끊임없이 정립했던 장치들을 그대로 닮은 근본적인 연구 장치다. 그가 최근에 기획자로 참여했던 두 번의 전시와 마찬가지로 말이다. 첫번째 전시 〈임계지대들〉은 이미 2002년에 〈충돌하는 이미지Iconoclash〉를 공동 기획한 바 있는 오스트리아 아티스트 페터 바이벨과의 공조로 카를스루에 미디어아트센터ZKM에서 이루어졌다. 두번째 전시는 〈당신과 나는 같은 행성에 살지 않는다〉로 퐁피두메츠센터에서 마르탱 기나르, 에바 랭과의 공동 기획으로 선을 보였다.

이 전시들은 어떤 사상을 예증하거나 철학을 장면화하기보다는 '사유의 경험'을 만들어내기 위한 설치와 퍼포먼스로 구성되었고, 다른 학문 분과들과 예술적 실행을 결합함으로써 새로운 우주론을 생각해볼 수 있게 했다. "나 자신에게 던지는 질문 중 어떤 것은 내가 풀 수 없기 때문에 나보다 그 문제를 더 잘 아는 전문가나 나와는 자못 다른 감수성을 지니고 나와 부딪혀 사유의 생산에 자극을 주는 예술가에게 도움을 청합니다." 라투르의 말이다.

알아두어야 할 것이 있다. 브뤼노 라투르는 집단과 장치의 도움을 받아 무리로 사유하고 팀으로 성찰했다. 파리정치대학에 학장으로 있을 때(2007~2012) 설립한 여러 프로그램이 그런 역할을 했다. 그중 2009년 발족한 학제간연구소 미디어랩Médialab은 디지털과 사회의 관계에 대한 연구를 진행해왔고, 현재 사회학자 도미니크 카르동이 소장을 맡고 있다. 2010년 발족한 SPEAP(École des arts politiques de Sciences Po, 시앙스포 정치예술학교)는 과학사가이자 극작가 프레데리크 아이투아티가 이끌고 있다. 아이투아티는 브뤼노 라투르의 인상적인 강독 퍼포먼스 〈무빙 어스〉(2019)의 연출자이기도 하다.

브뤼노 라투르는 과학기술 분석에 의한 논쟁의 지도화 연수법(FORCCAST, Formation par la cartographie des controverses à l'analyse des sciences et techniques)도 전수했다. 사회의 문제이자 공간의 문제, 지리의 문제

이자 과학의 문제가 복잡하게 뒤엉켜 있는 공적 논쟁 사안들—가령, 라투르가 최근에 천착했던 침입성 식물에 대한 논쟁이라든가—을 돌아보고 시각화하는 이 프로그램은 현재 사회학자 니콜라 뱅베뉘가 이끌고 있다.

그는 또한 테라 포르마 Terra Forma를 발족한 바 있다. 테라 포르마를 지휘하는 두 명의 젊은 건축가 알렉상드라 아렌과 악셀 그레구아르는 국토 정책에서의 풍경 문제를 제대로 지적한다. 물론 앞에서 이미 언급한 컨소시엄 '어디에 착륙할 것인가?' 내에서도 브뤼노 라투르는 건축가 소헤일 하지미르바바, 작곡가 장피에르 세이보스와 협업했다.

작업은 가족 간에도 이루어졌다. 그의 아내 샹탈 라투르는 음악가이자 프로젝트 진행자로, 또한 공유 창작 작업실과 관련하여 S-콩포지시옹의 협업 예술가로 활동하고 있다. 변호사이자 연출가인 딸 클로에 라투르는 아버지가 구상한 연극 〈가이아 글로벌 서커스〉(2013)를 프레데리크 아이투아티와 함께 무대에 올린 바 있다. 브뤼노 라투르는 우스갯소리처럼 "기업firme이 아니라 부모와 딸이 하는 조그만 농장ferme 같은 겁니다"라고 했다. 그의 아들 로뱅송 역시 시나리오작가의 길을 가고 있다.

사회는 존재하지 않는다

이렇게 서로 공통점이 있는 집단들을 동시에 이끌고 간간이 노래나 연극무대를 통해 이 집단들의 작업 일지를 지도로 작성하는 데 일조하는 브뤼노 라투르의 모습을 지켜보는 것은 인상적인 경험이었다. 이 철학자는 아우라와 번득이는 지성에도 불구하고 고압적인 구석이라곤 없이 언제나 공감과 경청의 자세로 우리의 존재 조건에 대한 탐구, 함께하는 경험의 횡단에 흠뻑 빠져 있었다.

그에게 집합체들이 그토록 중요했던 이유는 그가 생각하는 사회학은 사회적인 것이 아니라 결합에 대한 학문이었기 때문이다(『사회를 바꾸기, 사회학 다시 하기Changer de société, refaire de la sociologie』, 2006). "사회는 어떤 상부구조에 의해 지탱되지 않는다. 집합체는 집합자collecteur*에 의해 운영된다"라고 행위자-연결망 이론의 주창자는 설명했다. 사회과학의 역사라는 관점에서 브뤼노 라투르는 (에밀 뒤르켐에게서 유래한) 설명의 사회학보다 (가브리엘 타르드와 비슷한) 기술description의 사회학에 더 가깝다.

- 여기에 나온 집합자 개념은 『사회를 바꾸기, 사회학 다시 하기』에 등장한다. "(……) '사회Société'와 '자연Nature'은 현실의 영역들을 기술하지 않는다. 그 둘은 오히려 18세기에 상당 부분 논쟁적인 이유로 동시에 발명된 집합자들이다."(160쪽) 이 책의 다른 곳에서 저자는 '사회' '권력' '구조' '맥락'이 삶과 역사의 광대한 면들을 연결하고 강력한 힘들을 동원할 때 그 각각의 경우가 숨겨진 구조를 전형적으로 보여준다고 설명하면서 이 '집합자' 개념의 예를 더 많이 들어 보인다. 집합자와 집합체의 대립은 이 책의 가장 중요한 인식론적 방법론적 축이다.

미셸 푸코는 콜레주드프랑스에서 마지막으로 했던 강의 중 하나에서 "사회를 보호해야 한다"고 주장했다. 브뤼노 라투르는 사회는 존재하지 않는다고, 사회는 일정하게 주어지는 것이 아닐뿐더러 "사회적인 것을 동일한 공통 세계에 속한다는 편안한 믿음을 깨부수는 놀라운 존재들의 새로운 결합으로 보아야 한다"고 했다. 사회적인 것이 계속 변하기 때문에 다른 현장들, 다른 탐구 방식들은 필요 불가결하다. 여기서 『존재 양식의 탐구 Enquête sur les modes d'existence』(2012)의 중요성이 대두된다. 라투르는 이 책에서 "진리의 체제"가 여럿 있음을 보여주었다.

브뤼노 라투르는 자연주의자의 실천을 통해서, 혹은 광대한 자연과 야생성wilderness에 잠기고 싶어하는 취향을 통해서—물론 그가 테루아르와 영토 개념에 민감해진 데에는 고향 부르고뉴의 영향도 있겠으나—생태학에 도달한 것이 아니다. 그는 과학사회학을 통해 생태학으로 나아갔다. 캘리포니아주 샌디에이고 소크 연구소에서 브뤼노 라투르는 1977년 노벨의학상 수상자인 내분비학자 로제 기유맹이 이끄는 팀이 엔도르핀을 발견하는 현장을 운좋게 지켜볼 수 있었다.

그가 관찰한 것은 무엇보다 '어떻게 인위적 장소가 확인된 사실을 수립할 수 있는가'였다. 브뤼노 라투르는 고전적 인식론과는 달리 과학을 자연과 문화 혹은 확신과 의견을 대립적으로 파악하지 않는 실천으로 보았다. 과학은 논쟁으로 이루어지고 사회적으로 구성된다(『실험실 생활: 과학적 사실의 구성La Vie de laboratoire: La Production des faits scientifiques』, 스티브 울거와 공저, 1988).

과학에 대한 이 비주류적 민족학 때문에 그에게는 '상대주의'라는 꼬리표가 붙었다. 라투르는 과학적 진리의 존재를 부정할 것이라는 지레짐작 때문이었다. 하지만 그의 사회학은 '관계주의적'이다. 이 사회학은 특정한 형태의 진리에 접근하도록 해주는 이론적, 경험적, 사회적, 기술적 요소들을 관계짓는다.

"환원주의의 과용"

그의 방법은 법을 다룰 때나 종교를 다룰 때나 마찬가
지다. 브뤼노 라투르는 진리 진술의 체제에 관심을 두었
다. "법적으로 말한다는 것은 무엇인가?" "종교적으로 말
한다는 것은 무엇인가?" 이것은 상세한 진리에 접근하는
방식으로, 1975년에 제출한 박사학위논문 「주해와 존재
론 Exégèse et ontologie」과도 밀접하게 연결되어 있다. 브뤼노
라투르는 매개를 건너뛰지 않고 조목조목 철학을 펼치는
사상가이기 때문이다.

그는 고등학교 졸업반 때 철학을 만나면서 전격적으로
돌아섰다. "내가 철학자가 되리라는 걸 바로 알았습니다.
역설적이지만 다른 앎들은 불확실해 보였거든요." 열여덟

살이라면 응당 그럴 법하게 그는 니체를 읽고 우상을 파괴했고, 무엇보다 "토대에 있는 개념을 가차없이 비판할" 수 있게 되었다.

가톨릭신자이자 사회주의자였던 샤를 페기의 철학은 라투르가 1960년대에 몸담았던 그리스도교대학청년회 JEC 시절부터 정치생태학을 다루는 후기 텍스트에 이르기까지 늘 그를 따라다녔다. "과거에 페기를 반동분자로 만들었던 것, 그의 강생의 글쓰기, 땅과 애착에 대한 그의 사유, 이것들로 페기는 오늘날 우리가 처한 상황을 밝혀 준다. 어떤 공간에 거해야 하는지 모르는 오늘날의 우리를 위해서 말이다. 우리는 이제야 비로소 생태학적 재앙에 대한 두려움으로 집결한 이 젊은이들에 대하여 말한다. 그런데 페기는 이 점을 이미 이해하고 있었다. 근대 세계는 우리의 생성 능력을 박탈했고 이 상실은 비극이라고." 그래서 "교황 프란치스코 회칙•의 예언자적 호소"가 그에게 "신성한 놀라움"이었음을 콜레주드베르나르댕의 '찬미받으소서Laudato Si' 강좌를 마련한 이들과 함께 환기하는 것이 중요했다. 그해 2015년은 『가이아 마주하기』가 나온 해이기도 했다. 실제로 신학자 프레데리크 루조, 역사학자 그레고리 케네, 신학자 올리크 드젤리스는 이렇게 설명한다. "브뤼노 라투르는 '찬미받으소서' 회칙의 대대적인 두 가지 혁신을 단박에 알아차렸다. 지구의 황폐화와 사회적 불의를 연관짓고, 지구 자체가 작용하고 고통을 겪을 수 있음을 인정하지 않았는가. 그는 이 두 가지 혁신이 'clamor(아우성, 소송)'라는 단어로 연결되어 있음을 주목했다. 이 단어는 라틴어에서나 프랑스어에서나 법적인 어원을 갖고 있다. 지구와 가난한 이들이 고소를 하고 나선 것이다!"

부르고뉴 출신의 젊은 교수 시절, 그는 계시를 받았다.

- '찬미받으소서'는 교황 프란치스코가 2015년에 반포한 두번째 회칙 제목이다. 부제는 '공동의 집(지구)을 돌보는 것에 관한 회칙'으로 환경문제와 지속 가능한 발전을 다루었다. 이는 가톨릭교회 역사상 처음으로 반포된 환경 회칙이다.

일종의 신적 현시였다. 1972년, 디종과 그레(오트손주)를 연결하는 도로를 달리다가 "일종의 권태감"이 들어 갓길에 차를 세웠고 "환원주의를 과용한 후의 취기에서 깨어났다." 사실 모두가 자신을 둘러싼 세상을 하나의 원리, 관념, 의견으로 환원하려 애쓰고 있었다. 라투르는『비환원Irréductions』(1984)에 이렇게 썼다. "그리스도인은 세계를 창조할 만큼 그 자신에게로 환원할 수 있는 신을 사랑한다. (……) 천문학자는 우주의 기원을 탐구하면서 빅뱅에서부터 우주가 진화해왔다고 추론하기에 이른다. 수학자는 나머지를 다 따름정리와 결론으로 포함하는 공리들을 찾는다. 철학자는 나머지 모든 것이 거기서 비롯된 현상에 불과하다고 볼 수 있는 근원적 토대를 찾고 싶어한다. 지식인은 단순한 실태와 보통 사람의 단순한 견해들마저 사유의 삶으로 환원한다."

그런데 하늘이 참 파랗던 그 겨울날 그는 깨달았다. "아무것도 다른 그 무엇으로 환원되지 않는다. 아무것도 다른 그 무엇에서 도출되지 않는다. 모든 것은 모든 것과 결합할 수 있다." 이것이 그의 '십자성호'였다. 그 성호가 "사악한 악마를 하나하나 물리쳤다. 그날부터 나는 더이상 형이상학의 신에 연연하지 않았다." 이것이 그의 철학 전체를 끌고 갈 우주론이었다. 직업은 사회학자였지만 그는 끝까지 철저하게 철학자로 남았기에 하는 말이다.

과학을 관찰하다

아르테 방송의 이 시리즈 대담에서 그는 거의 흐느끼듯이 말을 뱉는다. "철학은 참 아름답지요." 질 들뢰즈의 말마따나 개념들을 만들어낼 수 있는 이 학문 분과가 그렇게 아름답고 강력하고 황홀한가? "눈물을 철철 흘리면서라면 모를까, 그 물음에는 대답을 못하겠네요. 철학자들은 알지요. 철학은 전체성totalité에 관심을 두지만 결코 거기에 도달하지 못하는 참으로 놀라운 형식이라는 것을.

목표는 전체성에 도달하는 것이 아니라 전체성을 사랑하는 것이지요. 사랑은 철학의 말입니다." 브뤼노 라투르가 이 전체성을 사랑하고 포용하려 했다는 말로는 표현이 부족하다.

그는 철학 교수 자격시험을 통과하고 코트디부아르에서 우선 인류학을 공부했다. 정확히는 당시 수도였던 아비장에 협력 인력으로 파견되어 어느 기술고등학교에서 데카르트 철학을 가르쳐야 했다. 이 첫번째 현장에서 그는—이미 '탈식민' 지식인으로서—합리적인 서양과 비합리성에 빠져 있는 아프리카라는 대립적 구도를 거부했다. 이 경험으로 그는 일종의 대칭적 인류학을 만들어 마치 민족학자가 아프리카 사회를 연구하는 것 같은 태도로 서양 사회를 연구하게 되었다. 또한 이 방법은 그를 캘리포니아의 실험실로 이끌었다. 그 누구의 실험실도 아닌 바로 노벨상 수상자의 실험실이었다. "과학을 만들어지는 대로" 이해하는 데 이 경험은 결정적이었다.

그 이유는 브뤼노 라투르가 현장의 지식인이었기 때문이다. 심지어 역사학에 대해서도 그랬다. 그는 파스퇴르와 과학사를 좋아했다(『파스퇴르: 세균들의 전쟁과 평화 Pasteur: guerre et paix des microbes』, 1984; 『파스퇴르, 과학, 스타일, 세기 Pasteur, une science, un style, un siècle』, 1994). 기술사에도 열정이 있었기에 1982년에 국립광업학교 교수로 갈 수 있었고, 그곳에 25년간 재직했다. 특히 이 학교의 혁신사회학센터를 이끌었던 미셸 칼롱에게서 행위자-연결망이론이 비롯되었다.

아마도 그가 가장 좋아했던 저서 중 하나였을 『아라미스 혹은 기술에 대한 사랑 Aramis ou l'amour des techniques』(1992)이 보여주듯이 이 '끓어오르는 집합적 열정'은 각별히 독창적인 연구로 귀결되었다. '아라미스'는 파리 남

● 원어 se faire에는 '만들어지다'와 '행해지다'라는 두 의미가 모두 있다. (감수자주)

부에 설치될 뻔했던 지하철 자동화 시스템의 이름이다. 이 책은 '과학적 허구'이자 '기계를 사랑한 이야기'를 깔고 있는 사회학 연구서다.

이 책의 소개글에서 브뤼노 라투르는 책의 주제를 요약할 뿐 아니라 연구 계획, 사회학적 방법, 철학적 야심, 윤리적 우려까지 드러낸다. "나는 인문주의자들에게 상당히 훌륭하고 상당히 정신적인 기술을 세세하게 분석해 보임으로써 그들을 둘러싼 기계들이 관심과 존중을 받을 만한 문화적 대상이라는 점을 납득시키고 싶었다. 그리고 기술 전문가들에게는 인간이 이루는 군중, 그들이 좋아하는 것, 그들의 정책을 고려하지 않고 기술적 사물을 구상할 수는 없다는 것을 보여주고 싶었다. (……) 마지막으로 인문학 연구자들에게 사회학은 오직 인간에 대한 학문이 아니요, 지난 세기에 가난한 사람들의 무리를 포용했던 것처럼 비인간 무리도 두 팔 벌려 맞이할 수 있는 학문이라는 것을 보여주고 싶었다. 우리의 집합체는 아마도 말하는 주체들로 조직되어 있겠으나 모든 점에서 가엾은 사물들, 우리보다 못한 그 형제들과 연결되어 있다. 사회적 관계가 그 사물들에까지 열리면 납득하기 힘든 일이 훨씬 줄어들 것이다. 그렇다, 나는 사람들이 아라미스의 서글픈 이야기를 읽으면서 눈물 흘리기를, 이 이야기에서 기술을 사랑하는 법을 배우기를 바란다."

"새로운 계급투쟁"

이제 브뤼노 라투르가 1994년에 "현재 과학 쪽으로 내쳐진 주제들을 정치에 들여와" 인간 대표들과 "비인간 연합" 대표들 사이에 대화를 성사시키기 위해 "사물들의 의회"를 생각했던 이유를 좀더 잘 이해할 수 있겠다. 지칠 줄 모르는 개념의 발명가이자 지각의 핵심적인 선도자였던 그는 생태학적 위기가 절박해지면서 점점 더 정치학에 비중을 두게 된다.

덴마크 사회학자 니콜라이 슐츠와 함께 『녹색 계급의 출현Mémo sur la nouvelle clases écologique』(2022)을 내놓고 〈르몽드〉와 했던 인터뷰에서 브뤼노 라투르는 "생태학은 새로운 계급투쟁이다"라고 포문을 열었다. 그 이유는 이제 갈등이 사회적이기만 하지 않고 지오소셜géosociaux하기 때문이다. 저자들은 지난 세기 사회주의자들의 기치를 자랑스럽게 받들어 "새로운 생태 계급"을 소환한다.

그의 사상은 승리했는가? 벨기에 철학자 뱅시안 데프레, 미국 인류학자 애나 칭, 작가 리처드 파워스, 철학자 도나 해러웨이, 인도 작가 아미타브 고시에 이르기까지 전 세계로 전파되기는 했다. 그의 저서들은—대부분 필리프 피냐르의 협력으로 라데쿠베르트 출판사에서 출간되었는데—20개 이상의 언어로 번역되었다.

프랑스에서 그의 지지층은 어마어마하다. 그가 가르치

거나 지도하거나 격려했던 지식인들이 이제 저자로서 독해와 논평의 대상이 되고 있다. 프레데리크 아이투아티, 정치철학자 피에르 샤르보니에, 페미니스트 철학자 에밀리 아슈, 법학자 사라 바눅셈, 변모의 사상가 에마뉘엘레 코치아, 생명철학자이자 동물들의 순찰자 바티스트 모리조, 예술사가 에스텔 종 멩구알, 철학자이자 예술가 마티외 뒤페렉스, 애니미즘을 연구하는 인류학자 나스타샤 마르탱, 심리학자이자 사진작가 에밀리 에르망, 과학보건인류학자 샤를로트 브리브가 바로 그들이다. 올리비에 카디오나 카미유 드톨레도 같은 시인이나 작가도 빼놓을 수 없다. 특히 카미유 드톨레도는 브뤼노 라투르에게 고유한 존재 양식의 특성을 "비극의 한가운데서 사유하는 기쁨, 불안이나 재앙에 지지 않는 힘"이라고 요약한 바 있다. 이 지식인들의 무리는 쉴새없이 갈래를 뻗어나가서 일일이 거명할 수 없을 정도다.

파리정치대학에서 그에게 배웠던 학생 중 일부는 기후

시민의회의 주축으로 활동하거나 생태학으로 전환한 시자치단체에서 일했다. 브뤼노 라투르는 콜레주드프랑스 명예교수인 인류학자 필리프 데스콜라와 함께 현대 프랑스 사상의 생태정치적 전환을 끌어냈다. 그는 무리를 이끌었고, 파리 당통 거리에 있는 그의 자택은 연구자와 활동가, 작가와 예술가 들이 오가며 마주치는 장이었다. 마치 계몽주의 철학이 꽃을 피웠던 18세기의 살롱과 비슷했다고나 할까. 새로운 디드로와 달랑베르를 만나는 기분이 드는 곳이었다.

필리프 데스콜라는 라투르의 "외교 철학"이 특히 새로운 기후 체제와 생태학적 문제에 대한 사유의 발전 이후로 "이시대의 사상이 되었다"고 지적한다. 이 사상이 "인간과 비인간, 자연과 사회를 분리하는 듯했던 근대성은 현실을 떠나 뜬구름 위에 수립된 것임을 (……) 깨닫게 했다."

"언젠가 금세기는 들뢰즈의 시대로 통할 것이다."

1970년에 미셸 푸코는 『차이와 반복 Différence et répétition』의 저자에게 탄복하여 이렇게 말했다. 철학자 파트리스 마니글리에는 우리 세기는 "라투르의 시대"로 불릴 것이라고 평한다. 혹은 더 정확히는 "우리가 라투르주의자가 된 것이 아니라 우리 시대가 그렇게 된 것"이라고 말한다. 브뤼노 라투르를 하나의 공식으로 환원하려는 것은 그의 젊은 시절의 직관과는 정반대되는 시도일 것이다.

더욱이 최근에 그는 불타버린 세상에서 홀쭉하고 우아하지만 휘청거리는 실루엣을 끌고 다녔다. 윌리엄 제임스처럼 "우주는 멀티버스"라고 확신하며 인류세 시대에 시적으로 거할 수 있는 윌로 씨•가 따로 없었다. 브뤼노 라투르는 새로운 상황을 누구보다 잘 알았다. "나의 아버지와 할아버지는 은퇴하고 편안히 늙다가 평화로이 눈을 감을 수 있었다. 그들의 어릴 적 여름과 그들 손자 세대의

• 프랑스 영화감독 자크 타티가 창안하고 직접 연기한 어수룩한 신사 캐릭터.

여름은 비슷할 수도 있었다. 물론 기후는 유동적이었다. 그러나 기후가 어느 한 세대의 노화와 나란히 가지는 않았다. 현재 나의 세대, 즉 베이비부머세대의 쇠락은 기후의 쇠락과 함께 가고 있다. 나는 내 세대의 역사에서 8월을 떼어내어 내 손주들에게 물려주고 은퇴하고 늙어가고 죽을 수가 없다."

그래서 이 대담의 끝부분에 브뤼노 라투르는 2060년에 마흔 살이 될 자기 손자와 그 세대에게 보내는 편지를 일종의 코다coda처럼 실었다. 하지만 이 편지는 결론이 아니다. 플로베르의 말마따나 "결론을 내리려 드는 것은 바보짓"이니까. 오히려 서곡이고 미래의 축포이며 어찌됐든 미래로 뛰어들라는 초대다. 철학자는 여기서 우리에게 특별한 도구상자를 제공한다. 이 도구상자는 성찰을 살찌우기 위한 것일 뿐 아니라 새로운 존재 양식과 행동 양식을 상상하기 위한 것이다. 그가 '지오패시géopathie'라고 일컬었던 지구에 대한 공감을 보여주면서 "대지인이 되어보라"고 초대하는 것이다. 그래서 브뤼노 라투르는 착륙했다. 하지만 라투르는 그의 작업과 마찬가지로 늘 환원 불가능한 것으로 남아 있다.

세계의 변화

니콜라 트뤼옹(이하 N. T.)_____ 브뤼노 라투르, 파리 자택에서 우리를 맞아주셔서 고맙습니다. 오래전부터 이곳에 거주하며 작업을 해오셨는데요. 이 시리즈 대담을 수락하신 이유를 말해주신다면요?

브뤼노 라투르(이하 B. L.)_____ 일단은 이제 나이도 있고 그동안 했던 일을 살펴볼 때가 됐기 때문입니다. 그리고 일견 내가 과학, 법학, 픽션 같은 다양한 주제에 관심을 두고 약간 괴상한 방법을 동원하는 것처럼 보이기 때문이라고 할까요. 따라가기가 쉽지는 않지요. 서점에서도 내 책은 어느 서가에 비치해야 할지 모르겠다고 합니다. 파리에 대한 책은 여행서 코너로 가 있고, 다른 책은 과학철학 서가에 있고, 또다른 책은 법학 쪽에…… 당신 덕분에 나의 전반적인 논지를 설명할 기회가 생겼네요. 사람들이 내 주의력이 산만하게 흩어져 있다는 인상을 갖지 않고 그 책들에 덤빌 수 있도록 말입니다. 이 기회가 반가운 것이, 사실 나는 산만함과 거리가 먼 사람이거든요. 처음부터 끝까지 하나의 가닥을 따라갔지요. 이제 명쾌하게 밝힐 수 있는 때가 됐어요.

N. T._____ 선생님은 과학기술 사회학자이자 인류학자, 무엇보다 근본적으로는 철학자이지만 대중은 주로 생태학에 대한 두 권의 책으로 선생님을 알고 있습니다. 질문 형식의 제목을 단 『어디에 착륙할 것인가?』와 『나는 어디에 있는가?』인데요. 이 책들은 우리가 사는 세상이 달라졌고 우리는 더이상 같은 지구에 거하지 않

는다는 생각을 담고 있습니다. 그 변화란 무엇입니까, 브뤼노 라투르? 왜 우리는 더이상 같은 지구에 거하지 않습니까?

B. L._____ 그건 극적 묘사의 문제입니다. 우리가 처한 정치적 생태적 상황은 모두에게 특별히 가혹하지요. 우리는 신문에서 매일 떠드는 변화에 그냥 영향을 받고 있습니다. 기후 문제, 생물다양성을 관리하기 위한 국제회의들, 나아가 진보나 풍요가 무엇인가라는 문제. 이런 문제들이 최근까지 우리가 속해 있던 세상과 결부되어 있다는 사실을 깨달은 거예요. 그 세상은 사물은 행위 능력이 없다는 원칙을 중심으로 조직되어 있었지요. 갈릴레이가 그 세상의 전형적인 예입니다. 빗면에서 떨어지는 당구공에 대한 계산, 물체의 낙하 법칙을 발견한 이 기막힌 발명품. 당구공은 정체성이 없고 영향을 미칠 능력, 영어로 말하자면 'agency(행위성)'•도 전혀 없습니다. 당구공은 계산 가능한 법칙을 따르고 대문자

S로 쓰는 과학 Science 이 그런 법칙을 발견합니다.

우리는 세상이 '행위성'이 서로 같지 않은 사물과 존재로 이루어져 있다고 보는 데 익숙했습니다. 영국의 위대한 철학자 화이트헤드는 이것을 "자연의 분열"이라고 했지요. 어느 시대부터, 대략 17세기 즈음부터 세계가 사물과 살아 있는 것의 분열로 구조화되어 있다고 생각하게 되었어요. 사물은 실제이고 과학으로 파악되지만 과학을 벗어나서는 접근 불가능합니다. 다른 한편에 있는 것은 살아 있는 것, 사람들의 주체성, 그들이 세상을 상상하는 방식, 그리고 정말로 굉장한 것을 보는 느낌입니다. 우리 인간과 생명체가 느끼는 모든 것, 이는 주관적으로 흥미로운 것이지만 그것으로 세상이 이루어져 있지는 않지요. 분열된 세계, 이것이 이전 세계에 대한 주요한 정의였

- 원문에 영어 이탤릭체로 표기된 agency는 모두 작은따옴표로 강조한 '행위성'으로 옮겼다.

습니다. 내가 그냥 간단하게 근대 세계라고 부르는 그 세계의 인류학에 나는 늘 관심이 있었지요.

과학에 대해 이런 말을 하는 게 희한하겠지만 이건 형이상학의 문제입니다. 우리가 존재하고 위치하는 세계의 형이상학적 토대는 생명체들의 세계, 생명체로 이루어진 세계예요. 내 생각에는 그 세계—생명체로 이루어진 공기가 있는 세계, 지구과학과 생명체 및 생물다양성 분석을 통해 점점 더 발견하게 되는 세계—에서 코로나바이러스와 기후변화로 인해 현 상황이 명명백백해진 거예요. 어떤 면에서 우리가 착륙해야 하는 세계, 우리가 처해 있는 세계는 바이러스로 뒤덮인 세계입니다. 인간을 공격하는 바이러스라는 미세한 규모에서, 그리고 큰 규모에서도 그렇지요. 우리가 편안하게 거하는 대기와 숨쉬는 산소역시 바이러스와 박테리아에서 비롯됩니다. 이것들의 변이는 필연적으로 우리가 사는 세계의 구성이나 농도를 변화시키지요. 바이러스와 박테리아, 이것들이 지구를 변화시키고 지구의 역사를 만드는 커다란 조작자opérateur입니다. 거주 가능한 지구의 외피를 구성한 역사, 그리고 우리는 그 외피에서 살고 있지요. 게다가 우리는 바이러스가 살아 있는지조차 몰라요. 바이러스의 발달에는 일련의 수수께끼가 있어요. 바이러스가 우리에게 낯선 것인지, 우리의 적인지 친구인지 우리는 알지 못해요. 하지만 우리가 바이러스와 박테리아로 뒤덮여 있어서 얼마나 다행인지! 그렇지 않다면 우리는 살 수도 없을걸요.

사람들이 환경문제에 곤혹스러워하고 다들 큰일이라는 걸 알면서도 빠르게 대처하지 못하는 중요한 이유는 그들이 여전히 이전 세계에 있기 때문입니다. '행위성'이 없고 계산으로 제어할 수 있는 사물들의 세계, 자기 것으로 삼을 수 있는 과학의 세계, 생산 시스템이 가져다주는 풍요와 안락의 세계 말입니다. 하지만 지금은 그런 세계가 아니지요. 이런 의미로 우리가 사는 세상이 바뀌었다고 말한 겁니다. 우리는 대상들objects의 세계에서 벗어났어요.

과학은 그 대상들을 알았고 우리의 생각은 그 대상들에 대한 주관적인 생각이었지요. 우리는 다른 세상 속으로, 생명체로서 다른 생명체들 사이로 들어왔어요. 다른 생명체들은 오만가지 신기한 일을 하고 우리의 행위에 빠르게 반응합니다. 그래서 극적으로 표현한 거예요. "우리는 더이상 이전에 처했던 상황에 있지 않다"라고요. 하지만 상황을 극적으로 표현하고 명명하는 게 나의 일입니다. 여기에 눈여겨봐야 할 진정한 차이가 있는데요. 이전 세계, 비교적 단순한 사물들의 세계에 있을 때는 걱정이 없습니다. 그 사물들이 우리의 법칙을 따르니까요. 하지만 이제 반대로 생각해야 합니다. '그런데 저 바이러스가 어떻게 하려나? 저게 이동을 할까, 발달을 할까?'

N. T._____ 선생님은 우리가 현재 겪는 세계의 변화가 갈릴레이의 혁명에 비견할 만한 혁명이라고 여러 차례 말했습니다. 우리가 근대인의 거대한 우주론으로 상상했던 것에서 벗어났다는 뜻인가요?

B. L.＿＿＿ 그렇습니다. 인류학자들이 그랬던 것처럼 기존의 우주론은 작용하는 힘들의 분포, 신들의 정의, '행위성'을 가진 것과 그렇지 않은 것의 정의였지요. 근대인들에게도 세계적이고 지구적인 확장을 가능하게 했던 어떤 우주론이 있었습니다. 단순하게 말하자면 필리프 데스콜라의 표현대로 "사물들의 세계"와 그 세계와 거리를 유지하는 주체, 그 둘 사이가 분리되고 구별된 아주 특수한 우주론이지요. 그런데 기후와 바이러스를 문제삼으면서 그 우주론은 끝났습니다. 지금은 아무도 자기가 속한 세계와 거리를 두고 있는 주체가 있다고 말할 수 없어요. 어떤 장소에서 이루어진 인간들의 행동이 놀라운 피드백 회로로 인해 그들 자신이나 다른 장소에 있는 인간들에게 서식 불가능한 생활 조건을 만들고 맙니다. 주관적 인간들, 곧 주체들이 세계와 거리를 두는 것처럼 위치할 수 있었던 우주론은 칸트의 우주론 같은 경우이지요. 그러한 근대인들의 전형적 우주

론이 이제는 불가능합니다.

이게 무슨 뜻일까요? 지금은 주체가 문제라는 겁니다. 나는 여기에 철학적으로 관심을 두고 있습니다. 주체가 도대체 뭡니까? 생태학의 인간 주체라는 게 뭔가요? 그것은 이전의 주체와 같지 않습니다. 이전의 주체가 했던 일을 똑같이 할 수가 없어요. 이제 주체는 사물을 예전처럼 믿을 수 없지요. 이 주체는 사방에서 자신을 조종하는 온갖 힘들에 사로잡혀 있어요. 어처구니없게도 이 점은 바이러스와 의료라는 미세한 수준에서든 우리가 처한 삶의 조건이라는 글로벌한 수준에서든 사실로 확인됩니다. 대기 조건, 섭생과 기온 조건 자체도 이 생명체들의 의도치 않은 산물이지요. 내가 다시 한번 이 점을 강조하는 이유는, 지구 시스템에 대한 과학은 매우 새롭거든요. 그래서 두번째 과학혁명이라는 표현까지 쓰는 겁니다.

지금은 균류, 지의류, 미생물상 등에 대해 이야기들을

하지요. 모두가 생명체에 관심이 있습니다. 때때로 너무 과장하는 감이 없지 않지만 이건 확실히 중요한 징후입니다. 드디어 우리가 이제 사물들의 세상에서 그것들과 거리를 두지 않고 부대끼며 포개진 채 살아간다고 생각하기 시작한 거예요. 바이러스라는 차원에서 그렇지만 정치적인 면에서도 그 점을 고려하는 것이 무척 흥미롭지요. 이것은 우리 고유의 존재가 다른 모든 존재들에게 개입하고 영향을 미친다는 것을 의미합니다. 사물들을 서로에게 침흘리지 않게 나란히 포개어놓을 수 있는 세상에서는 사물들에 대한 행동 가능성이 무한해 보이지요. 그렇게 해서 우리 근대인들은 굉장한 것들을 만들어냈습니다. 하지만 우리가 전부 구성되고 서로 겹치는 존재들에게 둘러싸여 있다면, 적인지 우리 편인지 정확히 알지도 못하는 그 존재들에게 맞춰나가야만 한다면, 그 세상은 더이상 이전 같지 않지요. 그것들이 우리가 처한 존재 조건을 이루기 때문에 더욱더…… 다시 한번 비교해봐야 합니다. 1610년부터 1640년대까지, 역사적으로 매우 중요한 갈릴레이의 시대에 일어났던 일과 비교해보세요. 우리의 정동情動, 우리의 희망, 우리가 돌아가게 될 시간, 우리가 도덕적 문제들과 인간 행동과 주체성에 대해서 기대할 수 있었던 것이 오랜 기간에 걸쳐 변했습니다. 그 모든 것이 발명되었다고 생각하면 안심되는 면이 있습니다. 우리가 발명할 수 있었고, 우리가 첫번째 과학혁명이라는 거대한 변화와 근대 세계의 변화를 겪었다면, 우리가 다시 시작할 수도 있으니까요. 우리는 해냈고 지금도 해낼 수 있습니다. 하지만 그건 어마어마한 일이지요.

N. T._____ 선생님은 "사람들이 세상이 변했고 이제 다른 지구에 거한다는 것을 이해했다"고 봅니다. 그래서 역사학자 폴 벤의 이 말을 즐겨 인용했지요. "대격변도 잠든 이가 침대에서 몸을 뒤척이는 것만큼 단순하다."

B. L._____ 네, 폴 벤이 참 멋진 말을 했지요. 생태적인 세계, 근대적이지 않은 세계에 적응하기 위해 해결해야

할 문제들을 조목조목 정리해보면 어질어질합니다. 그 문제들은 결국 엄청난 변화를 뜻하거든요. 에너지 시스템이나 식량 공급 시스템의 변화뿐만 아니라 도덕적 문제들, 주체의 정의라든가 소유권의 정의…… 그런 문제들의 변화까지도 말입니다. 그 무게가 엄청나지요. 그 정도 변화는 가능할 것 같지 않기도 하고요. 우리가 아무것도 할 수 없을 거라 생각하는 사람들이 많아요. 회의주의자들도 많고요. 로비에 넘어갔든 아니든…… 그렇긴 해도 새로운 시대정신은 우리가 사는 세상이 바뀌었다는 지각이 맞습니다.

근대성의 종말

N. T._____ 어째서 우리는 근대인이었던 적이 없나요? 선생님이 생각하는 근대인은 무엇입니까?

B. L._____ '근대'라고 하면 일반적으로 "modernisez-vous(근대화되세요, 신식으로 바꾸세요)"라는 구호가 생각납니다. 우리는 체계적으로 근대화하기를 원합니다. 대학을 근대화하고, 국가를 근대화하고, 농업을 근대화하고…… 그러한 구호의 의미가 역사적으로 구성된다는 것을 이해하면 상당히 재미있습니다. 우리는 전

진하고 있다. 근대화 전선은 피할 수 없다. 그 전선은 이러이러한 방식으로 진격한다. 이렇게 말하는 것 자체로 말입니다. 뒤로 가면 시대에 뒤처지는 겁니다. 이 또한 어쩔 수 없는 일이지요. 사람들은 "근대화되세요"라는 말을 듣는 순간, 당장 공황 상태에 빠집니다. '이 근대화의 열차에 올라타지 못하면 나는……'

N. T._____ 뒤처질 거야.

B. L._____ 도태될 거야. '그리고 내가 계속 경계하는 태도를 보이면 반동분자, 반근대주의자가 될 거야.' 당신은 진보의 길을 늦추고 오래된 가치에 매달리는 케케묵은 사람이라고 비난받습니다. 하지만 상황을 이런 식으로 말하는 것이 무슨 의미일까요? "근대화되세요"라는 말로 얻는 게 뭔가요? 이것이 코로나바이러스 사태와 함께 제기된 질문들입니다. 한편에서 거대한 경제적 움직임이 계속 발전중이라고 주장하고 있었는데 모든

것이 돌연히 중단되었지요. 다들 각자의 집에 머무는 동안 이 거대한 발전과 진보의 기계를 단 몇 주 만에 중지시킬 수 있다는 것을 깨달았고, 마침내 이런 의문을 품기 시작했습니다. '우리는 무엇을 찾는가? 우리는 무엇을 원하는가?'

나는 결코 반근대주의자가 아닙니다. "나는 저항하는 겁니다, 나는 의도적으로 구식을 취하고 반동적으로 구는 겁니다"라고 말하는 것 역시 근대화 전선을 받아들이는 하나의 방식이니까요. 이건 구호가 맞습니다. 역사의 어떤 움직임을 정의하는 표현이지만 그게 우리가 처한 역사는 아니지요. 내가 이바지했다고 생각하는 부분은 근대를 구호가 아니라 일종의 연구 주제로 공부하고 이해한 점—오래된 구호를 수수께끼로 바꾸었다는 점입니다.

'근대'는 근대화 전선을 조직하고 명령하는 구호였습니다. 그런데 지금은 그것이 파괴의 전선이라는 걸 깨달았기 때문에 그 구호는 종말을 맞이하고 있습니다. 오늘날 많은 사람이 우리 행성 전체의 근대화까지는 이를 수 없으리라는 데 동의합니다. 우리가 지구를 근대화하면 지구는 사라질 겁니다. 지구는 우리 인간이 서식할 수 없고 살수도 없는 곳이 됩니다. 내가 30년 전에 했던 말—우리는 근대를 끝냈습니다—을 지금 하면 다들 믿어줄 겁니다. 근대는 하나의 괄호, 이제 끝에 다다른 역사의 순간입니다. 조르주퐁피두센터에 "오르세처럼 되는 것을 받아들여야 한다"고 저는 짓궂게 말해줍니다. 근대성의 미술관이라, 흥미롭지 않습니까! 언제나 근대적이고자 하는 바람을 중단하고 근대성이 끝난 지금 이 순간이 요구하는 미술관을 만든다는 조건에서 말입니다.

20세기는 무엇을 위한 것이었을까요? 나는 늘 이 질문을 나 자신에게 제기합니다. 내가 50년간 연구를 해오면서 알게 된 게 있어요. 무엇이 근대적이고 근대적이지 않은지 진술하는 것으로 명확해질 수 있는 주제는 없습니다. 특히 과학사에서 그런 주제는 단 하나도 없지요. 우리는 근대인들을 주체성과 객체성의 분리를 믿는 사람들, 한편에 의견이나 문화가 있고 다른 한편에 그런 것들과는 다른 자연이 있다고 이해했던 사람들로 정의하려 했습니다. 하지만 이 분리를 적용하려 들면 단지 과학기술사를 공부하는 것만으로 실상은 정반대였다는 것을 확인할 수 있습니다. 근대인들은 더없이 극단적으로—때로는 더없이 훌륭한 방식으로—정치, 과학, 기술, 법을 그네들의 제국 속에 뒤섞었지요. 굉장히 놀랍지 않습니까. 그들은 끊임없이 그들이 주장하는 바의 정반대를 해왔던 겁니다. 이런 유의 일들은 더이상 이야기되지 않지만 나는 미국 서부영화에 나오는 이 표현을 무척 좋아합니다. '백인들은 악마처럼 혀가 갈라졌다.' 맞아요, 정말 멋진 표현이지요. 근대인들은 본래 근대적이지 않았습니다. 그들의 혀는 두 갈래로 갈라져 있었고 그들이 하는 말과 행동은 늘 정반대였습니다. 근대인들은 그들이 하는 행동에서 늘 벗어나 있었고, 1980년대에 그들의 과장성, 그들의 비본래

성은 아주 갈 데까지 갔습니다.

　내가 이 문제에 매달렸던 시기인 1989년에 베를린장벽이 무너졌지요. 이 사건은 자유주의의 승리에 엄청나게 열광하는 반응을 불러왔어요. 당시 나에게는 베를린장벽 붕괴 못지않게 특별했던 것이 있었는데요. 문제는 이것이 자유주의의 사건이라는 것을 전혀 이해하지 못했다는 겁니다. 최대치의 가속, 최대치의 추출주의extractivisme, 최대치의 부인의 순간이었지요. 세계대전 이후로 가속은 늘 붙었지만 장벽이 무너지자 가속의 가속까지 치달았습니다. 내가 매우 놀랐던 것은, 1989년에 소비에트연방이 붕괴하기도 했지만 도쿄와 리우데자네이루에서 생태학에 대한 주요 회의들이 시작되기도 했기 때문입니다. 충격적이지요. 생태학적 관점에서 보자면 그때가 우리가 행동할 수 있는 때이자 진정한 질문을 던질 이상적 기회, 이른바 '새로운 기후 체제'가 될 기회인 동시에 부인이 최대치에 도달한 순간이었습니다. 이것이 20세기 역사의 수수께끼입니다. 근대인은 끊임없이 자기가 처한 상황을 부인했습니다.

N. T.＿＿＿＿＿ 근대성의 순간은 미학적인 면에서도 마찬가지이지요. 특히 랭보는 "절대적으로 근대적이어야 한다"고 했잖습니까. 우리는 근대에서 벗어났습니다만, 그래서 어떤 세상으로 들어왔나요?

B. L.＿＿＿＿＿ "근대화되세요"라는 말은 엄청난 위력이 있었지만 이 구호의 엄청난 복잡성, 엄격성, 잔혹성 또한 감추고 있었어요. 단순하게 풀어보자면 1950년대 이래로 '근대화되세요'는 사실 '과거를 버리고 땅과 떨어지세요'라는 뜻이었습니다. '이륙하는décoller' 거죠! 내 기억에, 1950년대에는 모두가 '이륙해야' 했습니다. 이른바 개발도상국들은 '도약décoller'했고요. '이륙' 관념은 그런 것이었습니다. 이 구호는 그 대안이 없기 때문에 여전히 매우 중요합니다. 따라서 당신의 질문에

대답하려면 이 부분을 파고들어야 합니다. 근대성의 대안은 무엇인가? 풍요, 자유, 해방을 생각해봅시다. 근대성이 없다면 그것들은 어떤 모습일까요? 대안은 내가 '생태화écologiser'라고 부르는 것입니다. 아무도 이 단어가 무슨 뜻인지 정확히 알지 못해요. 그 이유는 이 단어가 시간과 그 흐름, 과거와 미래 사이의 분리를 정의함에 있어 대대적인 방향의 전환이기 때문입니다. 과거와 미래는 칼로 자르듯 딱 분리될 수 없습니다. 근대화 전선에서 저쪽 편은 끝장났고 이쪽 편은 힘을 합쳐 전진한다는 식으로 말할 수 없는 거예요. 근대화하느냐 혹은 생태화하느냐는 서로 정반대이겠지만…… 생태화는 구성composition의 차원에 해당한다고 전제합니다.

과거에 속한 어떤 공식들과 미래에 속한 또다른 공식들, 더 나아가 현재에 속한 공식들을 통하여 완전히 자유로운 방식으로 구성하기composer 말입니다. 결정과 선택을 눈멀게 하는 이 무지막지한 근대화의 압박에서 벗어나야

해요. 좋은 기술과 나쁜 기술, 선법과 악법을 분별하고 선택할 수 있어야 합니다. 이 선별 역량은—나는 이것을 구성이라고 부르는데—근대화라는 말로 우리가 의미했던 바와는 근본적으로 다릅니다. 그러한 역량이 거창한 구호 아래 집결할 수는 없지요! "지구의 거주 가능성에 부합하게끔 당신의 삶을 구성하십시오"라는 말을 들었다고 해서 당장에 모종의 질서를 갖추고 결집할 리는 없습니다. 오히려 이런 질문을 던지기 시작해야겠지요. '그럼 난 뭘 하지? 한편으로는 영속농업permaculture을 하고…… 그래도 이산화탄소는 배출하고 싶지 않은데…… 어떻게 해야 하지?' 우리는 이런 식으로 우리의 세상으로 들어왔습니다. 생활양식을 바꾸는 방법을 둘러싼 무한한 논쟁으로 이루어진 세상 말입니다. 하지만 이게 건강하지요! 근대화라는 표현에 곤란한 점이 있다면 바로 맹목을 부른다는 겁니다. 그러한 맹목이 장차 우리가 남기게 될 것에 대한 의문을 도무지 제기할 수 없게 만들지요.

사소하지만 흥미로운 예를 하나 들어보지요. 우리 학생들이 이 예에 무척 관심을 보였습니다. 바로 울타리의 예입니다. 한편에서는 울타리를 싫어하고 다른 한편에서는 좋아합니다. 근대적 울타리는 전반적으로 제거되었고, 탈근대적인 울타리가 있으며, 마지막으로 구성된 울타리가 있어요. 나는 전통적인 울타리와 작은 숲으로 돌아가야 한다고 얘기하는 게 아닙니다. 울타리와 작은 숲은 농민들을 비참하게 하고 그들에게 막대한 노동을 요구합니다. 내가 말하는 건 혼합된composite 울타리입니다. 현재 울타리에 대해서 연구하는 사람들은 굉장히 많지요. 생물학자, 자연학자, 새로운 농민들까지. 새로운 '농민paysan'이라고 부르는 이유는 그들이 더이상 경작자agriculteur가 아니기 때문입니다.

'구성'은 이런 겁니다. 모든 주제에 있어서 그렇습니다.

구성의 대안적 메시지는 논쟁에 뛰어들고, 진보와 옛

것의 분리를 포기하고, 거주 가능성이라는 근본적 문제에 관심을 기울이고, 생산보다는 거주 가능한 조건을 우선시하는 것을 의미합니다. 그러려면 할일이 많지요! 우리는 결코 근대인이었던 적도 없지만 이제 우리가 근대인이었다는 생각에서도 벗어났습니다. 작업장은 완전히 열려 있어요.

N. T._____ 구성, 재구성, 혼합의 세상이자 작업장이군요.

B. L._____ 구성은 아주 아름다운 말입니다. 음악 용어이기도 하니까요.[*] 구성은 조정, 타협, 잠정 협정modus vivendi입니다. 정치가 근대화될 것이라는 생각 역시 버려야 한다는 것을 이해할 겁니다. 근대 정치는 우리가 어디로 가야 하고 어떤 식으로 질서가 잡혀야 하는지

- composer라는 단어는 '작곡하다'라는 뜻으로도 자주 쓰인다.

말하는 정치입니다. 하지만 이 혼합적 조정에는 겸손한 정치가 필요합니다. 겸손한 과학도 필요합니다. 과학이 무엇을 해야 한다고 말할 수 있기까지는 많고 많은 논쟁을 더듬더듬 따라가야만 하니까요. 또한 이렇게 말할 수 있는 겸손한 기술도 필요합니다. "내가 기술을 하나 발명했는데 예상하지 못한 결과가 나왔고, 그래서 논쟁거리가 생겼고, 그런데 이게 국지적이어서 얘기를 나눠봐야 합니다." 사회 전체가 근대 관념으로 박탈당했던 비판 역량을 획득해야 합니다. 사회는 서로 다른 모든 양식을 겸손하게 대하며 단순한 구성에서 출발해 '생태적' 문명을 창조해야 한다는 이해에 도달해야 합니다. 그리고 정말 흥미로운 것은, 우리는 결코 근대인이었던 적이 없지만 우리가 근대인이라고 믿는 이 사태가 특별히 위력적인 결과들을 여전히 낳고 있다는 겁니다.

가이아의 독촉

N. T._____ 선생님은 우리가 말 그대로 세계 밖에[hors-sol] 살고 있고 이제 착륙해야 한다고 말하는데요. 착륙한다는 것은 과학자들이 말하는 '임계지대'에서 산다는 뜻이요, 가이아에서 가이아와 더불어 산다는 뜻입니다. 가이아는 영국의 생리학자이자 공학자 제임스 러브록이 구상한 개념이자 고대 그리스로부터 전해지는 신화입니다. 가이아는 모든 신들을 태내에 품었던 모신이지요. 우리는 재앙이 닥쳤다는 것을 알고, 과학자들과 유엔의 전문가들도 보고서를 발표할 때마다 그 사실을 주

지시키는데, 선생님은 왜 우리가 이 무력한 상태에서 벗어나려면 가이아가 필요하다고 하는 겁니까? 우리에게 닥친 일을 기술하고 선생님이 바라 마지않는 새로운 생태 계급으로 시민들을 결집하기 위해 이 가이아라는 본체entité에 의지한다는 것은 어떤 의미입니까?

B. L._____ 내가 상황을 단순화하려고 했다면 가이아를 동원하지 않았을 거예요. 가이아는 내 삶을 상당히 복잡하게 만들었지요. 러브록이 창안한 개념은 그가 1960년대에 했던 발견—지구의 대기는 열역학적 균형 상태에 있지 않다—만큼 극도로 단순합니다. 대기 중에 산소가 30퍼센트 있어야 할 이유는 전혀 없습니다. 산소는 모든 것과 반응하니까요. 산소는 오래전에 사라졌어야 했어요. 러브록은 지구의 대기를 화성의 대기와 비교하면서 이 유명한 일화를 이야기했는데요. "생물학자 여러분이 화성에 갈 필요는 없습니다. 여러분은 내 도구를 화성에 보내고 싶겠지만—러브록은 이런

저런 도구를 직접 제작했거든요—나는 화성에 생명이 없다는 걸 압니다." 화성 생명 탐사는 여전히 계속되고 있지만 그곳에는 가이아가 없어요. 40억 년 전부터 생명체들이 완전히 바꿔놓은 행성은 없습니다. 어느 특정 시기에 그런 행성이 있었다면 어디선가 세포들이 발견될지도 모르지만, 어쨌든 그 시기는 지나갔습니다.

외피라는 의미의 가이아, 혹은 원래 생명에 딱히 호의적이지 않았던 지구의 조건이 호의적으로 바뀐 물리화학적 변화라는 의미의 가이아는 없습니다. 이러한 변화는 생명체가 환경 속의 유기체일 뿐만 아니라 환경을 자기에게 이롭게 변화시키는 특성이 있다는 점에서 기인합니다. 너그러움이나 우정 때문이 아니라 그냥 연결에 의해 그렇게 되지요. 생명체들끼리의 상호연결, 이게 굉장히 중요합니다. 생명체는 물질대사를 합니다. 낯선 물질을 무더기로 흡수하고 다시 배출하는데, 이렇게 배출한 물질을 또다른 생명체들이 기회로 사용합니다. 40억 년이 걸리긴

했지만 이 재활용 과정이 결국 우리가 누릴 수 있는 생육 조건을 만들었습니다. 바로 이 시점에서 새로운 우주론의 근본적 질문, 즉 행성의 거주 가능성에 대한 질문이 개입합니다. 어떻게 행성을 거주할 만하게 만들 것인가, 어떻게 거주 가능성을 유지할 것인가, 어떻게 지구를 거주할 수 없는 곳으로 만드는 이들과 맞서 싸울 것인가라는 질문이지요. 그리고 가이아는 얼마나 멋진 이름입니까! 가이아가 신화라는 게 중요합니다. 가이아는 과학적이자 신화적이자 정치적인 개념이지요. 이 용어는 혼종 그 이상이라는 바로 그 이유에서 분명히 우주론의 변화를 지칭하는 이름입니다. 가이아, 근사한 용어예요. 하지만 반려견에게 가이아라는 이름을 붙이는 사람이 많아서 여간 성가신 게 아니네요!

N. T._____ 애들 이름에도 가이아가 많더라고요!

B. L._____ 맞아요, 애들 이름에도 많아요. 하지만 그러

면 좋지요. 가이아는 정말 천재적인 발상이니까요! 러브록이 자주 했던 이야기가 있습니다. 그가 마을 술집에서 『파리 대왕』의 작가 윌리엄 골딩과 맥주를 마시다가 지구의 자기조절이라는 자신의 특별한 아이디어를 소개했대요. 골딩은 그 아이디어가 환상적이라고 평가하면서 강력한 이름을 붙일 가치가 있다고 했지요. 그가 제안한 이름이 바로 가이아였습니다. 러브록은 이 단어를 몰랐지만—그리스어도 라틴어도 몰랐기 때문에—결국 자기 이론에 가이아라는 이름을 붙였답니다.

이건 절대적으로 흥미로운 역사적 사건입니다. 노벨문학상 수상자이자 물리학에 조예가 깊었던 골딩이 생리학자이자 화학자인 러브록에게 이렇게 결정적인 이름을 권해주다니요. 나 같은 철학자가 이런 일화를 어떻게 놓칠 수 있겠습니까? 이건 범상치 않은 결합이고, 이 결합은 러브록이 린 마굴리스와 매우 가까웠다는 사실로 인해 더욱 확장됩니다. 린 마굴리스가 연구했던 게 바로 바이러스와 박테리아, 그리고 지구의 기나긴 역사였지요. 마굴리스는 특히 박테리아에 관심을 기울였고, 러브록은 대기의 주요 원소 쪽을 파고들었는데요. 간단하게 말하자면 러브록은 미량의 기체 포획 전문가로, 오존층에 대해서도 연구했습니다. 그 둘이 만나서 1970년대 초에 가이아 개념을 함께 세운 겁니다.

그다음에는 이자벨 스텡거스가 명명한 '가이아 침입'이 있습니다. 이자벨 스텡거스는 내가 관심을 두는 가이아의 과학을 이해하는 문제보다 "우리는 다른 세상에 있습니다"라는 말이 일으키는 놀라움에 더 열중합니다. 이자벨 스텡거스의 가이아는 정치에 영향력을 미치는 일종의 인물입니다.

우리는 가이아 안에 있습니다. 거주 가능한 조건이라는 문제는 필수 불가결한 것이 되었어요. 우리는 더이상 자원을 활용한 발전을 가장 중시하는 구세계에 있지 않아요. 이러한 이유로 신화, 과학, 정치를 분리할 수 없습니다. 우주론이란 그런 게 아니에요. 우주론은 그것들 사이의 연결입니다. 인류학자가 바루야족*이나 야노마미족**의 우주론을 연구하면서 정치적인 것, 사회 조직 방식, 신이 존재하는가라는 문제를 분리할 수는 없습니다. 그 모든 것은 필연적으로 이어져 있으니까요. 그리고 이 새로운 상황을 지칭할 이름도 없이 우주론의 변화를 주장할 수 있을까요?

나는 가이아를 이 새로운 상황의 이름으로 선언합니다. 가이아는 신화적이기 때문에, 바로 그 이유에서 과학적이고 정치적입니다. 이건 굉장히 문제적인 단어예요. 당신이 사용했던 '임계지대'는 그에 비해 훨씬 속 편한 단어이지요. 임계지대는 내 친구들이 쓰는 말입니다. 널리 사용

---

* 파푸아뉴기니의 원시 부족.
** 아마존의 원주민 부족.

되지는 않지만 이 단어는 미국과 프랑스에서 정확히 동일한 것을 가리킵니다. 우리의 경험이 생명체들 속에서, 생명체들이 만들어낸 세상 속에서 살아가는 생명체의 경험이라는 사실 말이지요. 행성이란 무엇인지에 대해서 이전 시기에 만들어냈던 개념들에 비하면 이 개념은 미미해요. 지구에는 우리가 경험하지 않은 모든 것이 포함되어 있습니다. 설령 지구의 중심부에 무엇이 있는지 알 수 있는 도구가 있더라도 우리가 가서 그 중심부가 어떻게 작동하는지 알아볼 수는 없습니다. 그 이유는 우리가 행성 '속'에 있지 않기 때문이에요. 우리는 표면에, 이 지구의 아주 얇은 표면 위에 있습니다. 깊이가 몇 킬로미터에 지나지 않는 이 표면이 임계지대입니다.

N. T.＿＿＿ 지구를 둘러싼, 감싸고 있는 공간이군요. 그게 얼마나 될까요?

B. L.＿＿＿ 얼마 안 되지만 그게 흥미롭지요. 우리가 살

아내는 것, 우리가 경험하는 것은 다른 생명체들 속에서 생명체로서 경험해보고 아는 유일한 것이자 참 별것 아닙니다. 구세계에서 우리는 지구에 있었습니다. 화성에 착륙했고, 우주에 가고 싶어서 열정을 쏟았더랬지요. 고대의 우주론은 무한한 우주에 대한 것이었습니다. 그때는 무한을 마주하는 기분이었지요. 그런데 갑자기 아주 작은 영역 안에 놓이게 된 겁니다. 우리는 40억 년 전부터 생명체들이 만든 이 영역을 공유합니다. 산업화된 인간들의 행동이 필연적으로 막대한 비중을 차지하지요. 이건 예기치 못한 일입니다. 3세기 전에는, 아니 세계대전 이전까지도 인간이 지구에 남기는 흔적은 무시할 만한 수준이었으니까요. 이전에 살았던 무한한 우주에 비하면 인간은 거의 아무것도 아니지요. 지구의 시스템은 우리의 행동 체제 내에 들어오지 않았고, 그렇기 때문에 정치에도 적용되지 않았습니다. 우리는 풍경이라는 의미에서의 환경을 변화시켰지만 지구 시스템이나 우주에서 우리가 살아가는 조건은 변화시키지 않았어요. 그런데 임계지대에서는 생활 조건이 근본적으로 변했다는 차이가 있습니다. 임계지대는 이렇게 과학자들이 연구하고 우리가 살아가는 작은 공간 외에는 아무것도 아니기에 이해하기가 어렵지 않아요. 이 세계에서는 인간들이 어마어마하게 중요하지요. 이건 일종의 봉쇄confinement입니다. 우주적 관점에서 별 것 아닌 세상에 갑자기 갇혀버렸는데 그 안에서 산업화된 인간들이 거주 가능성을 변화시키는 능력은 엄청나요. 그래서 거주 가능성이라는 문제가 근본 개념이 되는 겁니다.

현재 논의되고 있는 거대한 개념들 중에는 인류세 개념도 있지요. 이 개념 덕분에 우리의 친구들은 산업화된 인간이 지구의 나머지 부분에 미치는 영향을 계산할 수 있게 되었어요. 오늘날 여러 과학자가 연구하고 있듯이 인간의 비중을 비교해보는 작업은 아주 재미있습니다. 예를 들어, 불도저는 이른바 자연침식보다 더 많은 흙을 이동시킵니다. 중량으로 따지면 얼마 안 되는 인간들이 변화를 일으키는 힘이라는 면에서는 막강해서 과학자들의 말마따나 주요한 "지질학적 힘"이 되기에 이르렀어요. 바로 이 지점에서 인류세 개념은 적절하고, 정치를 근본적 사안으로 만드는 것은 규모의 문제입니다.

그럼, 왜 가이아가 필요할까요? 어쨌든 흡수해야 할 여러 가지 복잡한 것들이 있기 때문에 이 개념에 기댈 필요가 있습니다. 산업화된 인간은 중요하지만 임계지대는 그와 동시에 거의 남아 있지 않습니다. 환경이 생명체들로 이루어져 있다고 생각해야 합니다. 우리가 전에 생각했던 것처럼 생명체가 환경을 점유하고 적응하는 게 아니에요. 물리학자의 시각에서는 생명 자체도 에너지로 따졌을 때 별것 아닙니다. 그렇지만 생명은 모든 것을 변화시켰지요. 광물, 산, 대기까지도. 생명은 우리가 처한 삶의 조건을 변화시켰습니다. 참 희한하지요. 거의 아무것도 아닌데 이렇게나 지대한 결과를 낳다니 말입니다. 이 때문에 이 개념들이 이렇게나 까다로운 겁니다. 그리고 지구과학을 진지하게 배운 적이 없기 때문에 사람들은 자신이 어디에 있는지 묻습니다. "우리는 어디에 있지?" 우리가 처한 세계에 대한 질문은 근본적 질문이 됩니다. 변화된 것들이 너무 많은데, 그것들을 명명할 수 있어야 합니다. 내가 이렇게 극적으로 표현하는 이유는, 자기 일을 하는 철학자들이 그것들에 이름을 붙여야 하기 때문입니다. 우리가 있는 곳의 이름은 가이아입니다.

어디에 착륙할 것인가?

N. T._____ 선생님은 자기기술, 특히 "나는 무엇에, 누구에게 의존해 존속하는가?"라는 물음에 답하기 위한 자기기술이 착륙에 필수적이라고 했습니다. 어디에서 사는가뿐만 아니라 어떤 세계에서 사는가도 의식해야 한다는 건데요. 그러한 자기기술이 우리가 정치적 방향성을 되찾는 데 어떻게 도움이 되는지요?

B. L._____ 이전 세기의 중심적인 정치 현상은 다시 한번 이런 것이었습니다. 문명 전체가 익히 인식하고 있

는 위협과 부딪치고도 대응하지 않는 것은 어찌된 일인가?

문제는 1980년대부터 우리가 방향을 잃고 우리가 행동하지 않는 이유조차 파악하지 못했다는 겁니다. 로비 때문이다, 반대가 너무 많았기 때문이다, 라고 말할 수 있겠지요. 뭐, 그 말도 맞습니다. 하지만 행동하지 않는 것도 정도가 있는데, 이건 뭔가 다른 이유를 찾아야만 할 지경이었습니다.

나는 문제를 이런 식으로 제기해보았으면 합니다. "우주론이 이렇게 근본부터 변했는데 어떻게 사람들이 재빠르게 대응할 수 있겠는가?" 이렇게 제안한 문제의 해결책은 상황을 기초부터 다시 보는 겁니다. 내가 말하는 '기초부터'는 우리가 처한 상황이 어떠한지 종이에 글로 쓰는 거예요. 우리는 영토 문제를 이렇게 끌고 들어왔습니다. 이 개념은 일견 단순하고 피상적으로 보이지만 작은 변화가 있어요. 영토는 지리적 좌표라는 의미에서 우리가 있는 곳이 아니라 우리가 살기 위해 의존하는 곳입니다. 그이유는 의존이 근본적인 문제가 되었기 때문이에요. 이전세계는 해방의 문제를 토대로 삼았습니다. 우리가 현재거하는 이 새로운 세계에서는 의존이 근본적인 문제이고, 우리가 무엇에 의존하느냐가 우리가 누구인지를 정의합니다. 그러니까 이전 버전과는 완전히 다른 거예요. 우리가 잘 알지 못하는 이 세계에서는 더듬더듬 모색하며 나아갈 수밖에 없습니다.

이 세계를 인식할 수단을 확보하고 싶다면 이 세계를기술할 장치부터 갖춰야 합니다. 자기는 마치 다른 세계에 있는 양 외부인의 객관적 태도로 기술하는 게 아니라자기 입장에서 기술해야 하지요. 이상하게 들리겠지만 나는 기술에 집착합니다. 기술한다는 것은 앉는다는 것, 자신을 위치시킨다는 것, 토대를 지닌다는 것입니다. 철학과 존재론의 근본적 문제에 대해서 나는 늘 실용적이고 경험적이라고 할 만한 해결책을 찾습니다. 그래서 내가 찾은 해결책은 이렇습니다. "당신이 의존하고 있는 것들을 모두 적어보시오." 혹은 "당신이 무엇에 의존하느냐가 영토를 정의할 겁니다." 이것이 내가 하려는 작업입니다.

이게 왜 정치적 관점에서 흥미롭냐고요? 지금 현 상황에서 우리의 정치적 의견은 이전 세계와 결부되어 있습니다. 그러므로 다시 기술하고 "미안합니다만 우리는 당신들의 정치적 의견에 관심 없습니다"라고 말해야 합니다. 내 제안을 아주 단순하게 표현하자면 그렇다는 겁니다.

N. T.＿＿＿＿ 저는 선생님의 컨소시엄 '어디에 착륙할 것인가?'에 몇 번 참석할 기회가 있었습니다. 오트비엔의 생쥐니앵, 리스오랑지스, 그리고 세브랑에서 이 자기기술연구회를 진행하며 선생님은 참여자들에게 그들이 존재하기 위해 의존하는 것, 하지만 현재 위협당하고 있는 바로 그것을 지칭해보라고 했습니다. 그리고 그것

을 "구두 속의 돌멩이"라고 부르기도 했는데요.

B. L._____ 이는 의견 표현에 대항하는 무기입니다. 사람들에게 정치 얘기를 해보라고 하면 여전히 아주 높은 수준의 일반성에 도달해야 한다고 생각들을 해요. 그래서 루소와 비슷한 입장, 다시 말해 자기 관점을 버리고 일반의지의 관점을 취하는 입장에 서지요. 일반의지에 참여하기 위해 자신의 고유한 관계들을 끊는 것, 루소에 따르면 이것이 정치적 표현의 정의 그 자체입니다.

N. T._____ "모든 사실을 멀리합시다."•

B. L._____ '패거리들'도 멀리하자고, 일반의지를 마침내 획득할 수 있도록 의견 표현에 어떤 영향력도 미치지 못하게 하자고 했지요. 하지만 그런 게 의미가 있었던 적

• 장 자크 루소의 『인간 불평등 기원론』에 나오는 문장.

은 없고 현 상황에서는 더 의미가 없어요. 그러니까 완전히 기초부터 다시 시작해야 해요…… 기초의 기초, 그건 바로 발입니다! 발에 돌멩이가 걸리적거리면 아프지요. 존 듀이가 참 멋진 표현을 했어요. "신발 속을 들여다보는 사람만이 어디에 뭐가 있어서 발이 아픈지 안다." 어디에 뭐가 있어서 아픈지부터 말할 때 일반성으로의 성급한 도약을 피할 수 있습니다.

나는 집합체 개념에 늘 집착해왔는데요. '집합체collectif'는 '모여야collecter' 하는 것입니다. 잘못 모이면 아무것도 표현하지 못합니다. 자신의 고유한 의견을 소셜 네트워크나 세간에 떠도는 의견으로 대체해서는 안 됩니다. 그래봤자 그들이 어디에 있는지 사람들이 아는 데 도움이 되지 않아요. 자기기술연구회에서 우리는 일반적 문제보다 그냥 자기한테 아프고 거치적거리는 것에서 다시 출발했습니다. 예를 들자면, 축산업에 종사하는 한 친구는 처음에 자신이 속한 FNSEA(Fédération nationale des syndicats d'exploitants agricoles, 전국농민조합연맹)의 양상, 다시 말해 농기계를 공격하고 자신들의 입장을 옹호하는 조합원들의 양상을 기술했습니다. 그 단계에서 개입해 "아니, 그런 것 말고, 그냥 자네가 의존하고 있는 존재들을 전부 꼽아보게"라고 말해줘야 했지요. 기술은 저절로 되지 않습니다. 사람들이 자기기술에 도달할 수 있도록 집중적으로 압박하는 장치가 있어야 해요.

그 친구는 기술을 재개하면서 자기가 의존하는 많은 것이 위협당하고 있음을 깨달았습니다. 그가 리무쟁에 살고 있어서 더욱더 그렇기도 했지요. 그는 PAC(Politique agricole commune, 공동농업정책)•에 의존하는데, 이 정책은 현재 브뤼셀 어딘가에서 다시 쓰이고 있습니다. 그는 또한 공급자들에게 의존하는데, 공급자들이 판매하

• 유럽연합의 농업 보조 정책으로 2005년 기준 유럽연합 예산의 44퍼센트(4300억 유로)가 책정되었다. 2023년에 대폭 개편되어 새롭게 시행되고 있다.

는 물건 없이도 자신이 살 수 있을까 생각해보았습니다. 하지만 어떻게? 그는 혼자서 자신이 의존하는 모든 것의 목록을 다시 만들기 시작했고…… 그를 도와야 합니다. 그리고 그는 다른 사람들이 반응하는 방식을 보기 때문에 자기 상황을 재고하는 데 이를 수 있죠. "사실, 나는 내가 있는 곳과는 다른 영토에 거할 수 있습니다." 이 영토는 내가 앞에서 정의한 의미로 이해하면 됩니다. 1년이 지난 후, 그 축산업자는 일종의 혁명 혹은 변신 비슷한 것을 시작했습니다. 여전히 FNSEA 조합원이지만 자기 농장을 완전히 변화시킨 겁니다.

왜 그랬을까요? 기술을 하면 상황이 시각화되고, 그로써 정돈과 배치가 가능하기 때문입니다. 이 '어디에 착륙할 것인가' 일화에서 바로 그 점이 내 관심을 끌었어요. 사소한 채굴, 별것 아닌 사례인데 요 자그마한 압정 머리를 토대로 근본적인 연구를 할 수 있으니까요. 이미 여러 차례 말했지만 나의 자기기술은 진정서를 모델로 한다는 얘기를 한번 더 하는 게 중요할 성싶습니다. 구성이 명확한 영토에서 일어나는 부당한 상황에 대한 기술은 당국이나 국가에—옛날 같으면 왕에게—진정서를 올리고 철저한 행정 개혁을 제안할 가능성을 보여주지요. 당신이 거하는 영토가 어떤 곳인지 모른다면 행정부에 제기하는 요청은 어떤 종류의 의미도 갖지 못할 겁니다. 하지만 영토가 바뀌었으므로 행정부는 우리가 세계대전 이후 프랑스를 근대화하기 위해 마련했던 행정 시스템이 이제 적합하지 않다는 생각을 해야 합니다.

생태 국가는 없습니다. 풍요와 자유를 안겨주고, 해방을 유지하며, 그럼에도 봉쇄의 외피—거주 가능성의 외피—안에서 버틸 수 있는 생태학적 모델이 무엇인지 우리는 모릅니다. 그걸 아는 사람은 아무도 없고 미국이나 독일이나 사정은 마찬가지입니다. 그렇지만 그 모델을 시험하고 암중모색하는 사람은 아주 많습니다. 내가 앞세우고 싶은 생각, '어디에 착륙할 것인가?' 컨소시엄이 우리가 했던 사소한 채굴을 통해서 검증할 수 있었던 그 생각은 프랑스대혁명 당시에 그랬던 것처럼 저마다 자기를 위해 행동하는 것부터 시작해야 한다는 겁니다. 하지만 오늘날에는 그러기가 훨씬 더 어렵지요. 우리가 의존하는 세계에 대한 기술이 지난 3세기 동안의 경제사, 특히 글로벌화 때문에 한없이 복잡해졌거든요. 진부한 얘기지만 당신이 리무쟁, 브르타뉴 혹은 그 어디에 살든지 당신과는 아주 먼 세상에 의존하고 있어요. 예를 들어, 브라질산 대두는 브르타뉴에서 키우는 돼지들에게 필요합니다. 내가 브르타뉴에 있다고 내가 의존하는 그 세계를 무시할 수는 없지요. 그건 브라질 일이고 나는 브르타뉴 사람들만 상대한다, 그렇게 말할 수 없는 겁니다. 내가 그 둘을 이해하고 화해시킬 수 있어야 한다고 인정한다면 그때부터 정치적 과업은 완전히 달라집니다. 내가 의존하는 것들을 기술할 때 비로소 떠오르는 문제들은 정치적 사안에 특별한 제약을 걸지요.

이리하여 내가 말하는 계급이 등장합니다. 전통적인 사회계급이 아니라 지오소셜 계급이지요. 예를 들어 브라질의 문제가 브르타뉴 내에 끼어드는 것을 받아들인다 칩시다. 브르타뉴의 거주 가능성 문제를 이해하기 시작하면 브라질산 대두에 대한 생각도 거쳐야 합니다. '내가 거기서 뭘 할 수 있지?'라는 생각을 하기 시작한 사람들은 뭔가 압도되는 느낌이 있다는 걸 부정할 수 없습니다. 이러한 생각 훈련을 한 사람들이라고 해서 반드시 덜 압도되는 것은 아니지만 그들은 신체적으로 달라요. 기술을 통해 의식을 갖게 되면 행동 역량도 생기기 때문이지요. '어디에 착륙할 것인가?' 실험에서 각별히 흥미로웠던 것이 이 부분입니다. 내가 내 수준에서, 작은 규모로 이런저런 일을 할 수 있다면 어쨌든 나는 행동력이 있는 거예요. 바로 그 작은 규모가 세상을 구성하는 것이니까요.

기술이라는 작업을 다시 시작할 때 우리는 모든 정치적 토론의 과오, 혹은 적어도 재앙에 해당하는 것에서 벗어납니다. 그 과오란 바로 철저하게 상위의 수준을 기초로 삼아야 한다는 생각, 또다른 일반성의 체제로 넘어가야 한다는 생각입니다. 정치는 일반성의 수준을 바꾸는 게 아니라 의존과 관계의 네트워크를 그것이 뻗어가는 대로 따라가는 겁니다. 우리가 치료 목적으로 이 훈련을 하는 건 아니지만 사람들에게 정치적 역량을 되돌려주고 회복시켜주는 효과가 있다는 점은 부인할 수 없습니다. 이건 분명히 아주 작은 수준의 작업이지만 거대한 수준의 일도 결국 다 작은 일로 만들어지는 겁니다. 코로나바이러스 위기가 우리에게 훌륭한 예를 보여주지 않았나요. 타액으로 옮겨지는 미세한 바이러스가 온 지구를 점령하는 데 3주밖에 걸리지 않았습니다. 연결된 것들의 작은 다양체로부터 만들어진, 거대한 구성된 것의 멋진 모델이죠.

새로운 생태 계급

N. T._____ 선생님은 지구의 황폐화와 싸우려면 공통의 이해관계가 있는 새로운 지오소셜 계급이 부상해야 한다고 말씀하셨지요. 선생님이 바라 마지않는 이 생태 계급은 자기 계급에 자부심을 갖고 과거에는 서로 어울리지 못했을 개인, 집단, 독립체 들과 연합하여 투쟁을 이끌어나갈 수 있을 텐데요.

B. L._____ 그래요, 새로운 생태 계급은 유독 허구적이고 사변적인 제안이지요. 그도 그럴 것이, 그런 생태 계

급이 존재할까요? 나는 다시 한번 철학자의 일, 다시 말해 예측을 하고 우리가 예감하는 것을 명명하는 작업을 하는 겁니다. 지금 이 시점에서 우리는 생태학적 문제가 과거의 정치적 문제들, 다시 말해 마땅히 관심을 기울이고 논의해야 하는 문제들과 대등해졌다고 느낍니다. 그러나 소속과 결합은 더이상 예전 같지 않아요. 내가 말하는 새로운 계급의 도래는 그런 뜻입니다. 마르크스주의에서 영감을 받은 전통적 의미의 사회계급이 아니라 위대한 사회학자이자 문명사학자인 노르베르트 엘리아스가 말하는 문화 계급의 의미로 말입니다.

생태학적 문제가 중심이 되는 때가 있을 것이고, 그러한 문화에서 적과 친구가 갈라지는 지점과 그들 사이의 결합이 정의될 겁니다. 아직은 우리도 잘 모르기 때문에 뭐라 하기가 어렵습니다. 모든 주제에 대하여, 가령 풍력 발전소 문제라든가, 논쟁이 있어요. 논쟁의 사안이 아닌 생태학적 문제는 없거든요. 그러므로 투쟁 전선을 구축해야 할 겁니다. 여기서 계급에 대한 과거의 정의를 재발견하게 되지요. 하지만 이번에는 그 전선이 생산과 거기에서 비롯된 재화의 분배를 둘러싼 자유주의와 사회주의의 문제에 국한되지 않을 겁니다. 투쟁 전선은, 빠르게 요약하자면, 거주 가능성 문제를 둘러싸고 형성될 거예요. 예전에 결코 제기된 적 없는 어렵고 새로운 문제이지요. 우리보다 앞서 살았던 사람들은 대기 온도까지 신경써야 한다는 생각을 단 한순간도 해본 적이 없을 거예요. 우리가 내리는 모든 결정에 대하여 고민해야 하는 우리처럼 그들은 고민할 필요가 없었을 겁니다. 가뭄, 산림파괴, 그 밖의 어떤 것들에야 당연히 관심이 있었겠지만 대기는 관심 대상이 아니었겠지요. 대기는 고려해야 할 대상에 들어가지 않았어요. 하지만 우리는 대기를 결정의 세부 내역에 집어넣어야만 합니다.

내가 지오소셜 계급이라고 일컫는 이 계급이 아직 형성 단계에 있다는 것을 염두에 두어야 합니다. 생태학적 문제가 가장 중심에 오게 될 것은 분명해요. 하지만 이 사실을 부정하는 사람들이 있는가 하면, 이걸 어떻게 소화해야 할지 모르는 사람들도 있지요. 또한 자기 입장을 말하는 이러한 방식들에서 "그래요, 그건 아직 형성 과정에 있는 새로운 계급이지요"라고 말하는 명시적 표현이 부족하다는 것도 볼 수 있습니다.

노르베르트 엘리아스의 예를 들어보겠습니다. 이게 꼭 좋은 예는 아닙니다만 기상천외한 비교를 수립해주거든요. 그리고 기상천외함extravagance은 상황을 진척시키고 이해시키는 내 나름의 방식입니다. 엘리아스의 주요한 주제는 귀족의 방식이 아니라 부르주아의 방식에 따른 문명화 과정을 다시 이해하는(다시 생각하는?) 것이었지요. 그러기 위해 일련의 모델을 사용하여 어떻게 부르주아지가 권력을 차지하고 귀족과 그들의 가치에 대항하여 자유주의를 만들어낼 수 있었는지 질문했습니다. 그래서 엘리아스의 말을 살짝 비틀어 인용해보자면 이렇게 말할 수 있을 겁니다. "부르주아지가 귀족의 한계를 아랑곳하지 않았던 것과 마찬가지로 (……)" 그리고 다음과 같은 가설을 세워봅시다. 아직은 미래에 대한 가설일 뿐이지만요. "(……) 부르주아지에게 마찬가지 비난을 던지는 어떤 생태 계급을 상상할 수 있습니다. 부르주아지도 그들이 부상하던 시기의 귀족과 똑같은 정치적 한계, 똑같은 행동 범위의 한계를 지닙니다."

이건 거인족과 신들의 거대한 싸움이지요, 인정합니다! 하지만 그 덕분에 엘리아스가 사용한 놀랍고도 중대한 표현을 이해할 수 있지요. 그는 부르주아지가 막 떠오르던 시기에는 귀족보다 "합리적"이었다고 설명합니다. 그 이유는 부르주아지가 귀족보다 더 넓은 행동 범위를 상상하고 확보했기 때문입니다. 특히 생산의 발견과 급격한 생산력의 발전이라는 점에서 그러했지요. 게다가 프루스트에게서도 그가 사용한 모든 표지를 통해 볼 수 있습니다. 부르주아지가 더 합리적이라는 엘리아스의 표현이 내게는 극도로 흥미로웠습니다. 나의 몽상에 따르면 생태 계급은 응당 이렇게 말해야 할 것 같거든요. "우리는 당신들 같은 자유주의 부르주아지보다 합리적입니다. 당신들은 20세기 이후로 생산이 포함된 근본 상황이 우리 행성의 거주 가능한 조건이라는 것을 이해하지 못하고 다 망쳐버렸잖아요." 한 세기 동안 생태학적 문제, 기온 문제를 무시한 계급이 어떻게 합리성 운운할 수 있겠어요? 생산은 물론 중요합니다. 생산물의 분배 문제도 중요하고요. 하지만 이 모든 것은 그것을 여전히 가능케 하는 것 안에 삽입되고 포함되며 내장되어 있어요. 우리는 우리가 그것에 우선권이 있다고 생각하지요. 그래서 생태주의자들이 자부심을 가질 수 있고 그래야만 합니다. 자부심은 중요하지요.

우리 생태 계급은 자부심을 가지고 말합니다. "새로운 합리성, 새로운 문명화 과정, 그 과정의 진전을 구현하는 건 우리입니다. 우리는 지구의 거주 가능한 조건을 근본적인 문제로 생각하니까요." 이것은 행동 범위의 재정의, 시간적 지평으로의 투사입니다. 현재의 정치판에 이게 결여되어 있기 때문에 상황이 참담한 겁니다. 자유주의 부르주아계급은 경기회복을 말하지만 마음은 딴 데 가 있어요. 특히 코로나바이러스감염증 사태 이후로는 더욱더 그렇지요. 부르주아계급은 손을 놓았습니다. 그런데 계급에 지평이 있다는 건 중요해요. 왜냐하면 계급은 일단 프로젝트거든요. 현재 이렇게 말하는 계급은 아직까지 없습니다. "우리가 뒤를 이어받습니다. 우리가 시간적 지평입니다."

이 지평을 발전 개념으로 이해해서는 안 됩니다. 이게 참 까다롭지요. 발전은 아니지만, 그래도 번영이거든요. 번영과 발전은 같지 않습니다. 존재 조건을 무시하고 과거를 버린 채 이전의 해방을 재현하는 것이 아니라 "꿀벌, 제비, 기후…… 그 모든 존재에 내가 의존하고 있음을 알았고…… 의존은 참 좋은 겁니다"라고 인정함으로써 다른 해방을 찾아야 합니다. 결과적으로, 여기서 제기되는 것 또한 정치철학의 문제입니다. 자율 개념, 자율적이라는 것이 과연 무슨 뜻인가에 대한 기준은 매우 빈약하게 구성되었습니다. 그래서 일종의 '타율'이 되어야 하지요! 우리는 이 사안으로 빨리 나아갈 수 없습니다. 재발명을 해야 하기 때문이지요. 그리고 우주론이 바뀌었기 때문에 이렇게 까다로운 겁니다. 우리는 이 문제들을 붙잡고 매달릴 정치세력, "여러분은 더이상 허구, 유토피아, 역사적 의미가 없다고 항상 불평하는군요……"라고 말할 수 있는 정치세력을 찾아야 합니다.

N. T._____ 더이상 거대서사가 없다고 불평하고요.

B. L._____ 그렇습니다. "하지만 우리에겐 교체된 거대서사가 있습니다." 사회주의가 그 일을 했지요. 사회주의는 150년 동안 역사, 진화에 대한 대안적 이야기들을 만들어왔어요…… 우리는 경제과학자가 했던 어마어

마한 지적 문화적 노동을 깨닫지 못하고 있습니다. 처음에는 자유주의자들이, 그다음에는 사회주의자들이 그 작업을 했지요. 생태주의자들도 같은 일을 해야 합니다. 다시 말해 역사가 무엇인지, 과학이 무엇인지—이게 정말 중요하지요—재정의하고 시간적 지평을 재정의해야 합니다. 시간적 지평이 반드시 발전이나 진보의 지평, 혹은 화성으로 가는 지평일 필요는 없습니다. 오늘날 정의해야 할 것은 정치인데, 계급투쟁의 정의는 다음과 같은 질문과 관계 맺는 방식에 따라 주어집니다. 지금까지 상세하게 기술한 지구의 거주 가능한 조건들을 유지하고 있습니까? 그중에서 무엇이 중요하고 중요하지 않은지 분별할 수 있습니까? 이런 식으로 거주 가능성이라는 근본적 문제에 자신을 연결짓는 사람들은 계급의 형제, 어떻게 보자면 투쟁의 형제입니다. 이때 우리는 모든 사람이 모든 주제에 대해서 실랑이하는 고전적 정치로 돌아갈 테지만 그게 정상입니다. 적어도 무엇에 대해 논쟁해야 하는지는 알 테니까요. 현재의 재앙 같은 정치에서 우리는 무얼 가지고 토론해야 하는지조차 모릅니다. 거의 아무 말이나 한다고 해도 과언이 아니라고 인정합시다. 우리에게 무슨 지평이 있습니까? 내가 지금 일흔다섯 살인데 내 기억으로 미테랑 대통령 재임기까지는 정당, 강령, 구호를 보고 정치에서의 자기 위치를 어느 정도 파악할 수 있었습니다. 이쪽의 관심사와 저쪽의 관심사가 무엇인지 알고 누구에게 표를 던질지 알 수가 있었어요. 어느 한 진영에 동조하는 것도 가능했고요. '내 계급은 무엇이고 나의 관심사는 무엇이니까 그걸 대표하는 정당과 강령에 표를 던져야지'라고 생각할 수 있었지요. 이제 그런 건 다 무너졌어요. 유권자의 65퍼센트가 투표를 기권한다는 게 아무렇지 않은 일은 아니지요. 세상은 변했고 과거의 세상에 상응하던 정당들은 어쩔 수 없이 하나하나 완전히 분열되었어요. 진영에 따른 줄 세우기는 결국 사라졌습니다. 이제 당을 만들고 정권을 차지하겠다고 주장하는 걸로는 추종을 얻을 수 없어요. 생태주의자들도 그런 쪽으로 착각을 하고 있는데요. 지금은 밑에서부터 재구성을 해야 합니다. 나의 관심은 시민사회가 그들 자신의 영토에 대한 정의를 재구성함으로써 그 사회를 재구성하는 방식을 이해하는 겁니다. 영토를 다시 정의한다는 것은 소속을 다시 정의한다는 것이고, 따라서 자신의 관심, 연결, 계급 결합도 이전과 달라질 수밖에 없습니다. 일은 이런 식으로 도모해야지요. 그다음에 정당이 오고, 나중에는 선거에서 정당에 표를 던지기도 하겠지요. 하지만 그런 건 몇 년 후에나 이루어질 일입니다.

우리는 이렇게 200여 년 가까이 자유주의자 대 사회주의자의 투쟁을 중심으로 정치를 조직해왔던 진영에 따른 줄 세우기가 와해된 아주 특별한 상황에 놓여 있습니다. 이렇게 된 이유는 다양하게 볼 수 있지만 소셜네트워크가 특히 큰 역할을 했지요. 그래도 우리의 정치적 정서에 가장 크게 영향을 주는 것은 우리가 이름 붙이지 못한 이 새로운 기후 체제라고 생각합니다. 우리는 이 기후 체제가 근본적 문제라는 것을 인정하지 않고 있어요. 문제는 더 이상 생산과 부의 분배가 아닙니다. 이제 생산 시스템을 포함하고 감싸며 가능하게 하는 것, 그 시스템 자체보다 더 중요한 것에 초점을 맞추지요. 결국, 내가 뭐라고 이렇게 새로운 계급을 제안할 수 있겠습니까? 나는 아무도 아닙니다. 그냥 이름을 붙일 뿐…… 하지만 내가 명명하는 개념이 용기를 북돋우고 생태주의자들에게 자부심을 불어넣고 있습니다.

집합적 장치의 발명

N. T.＿＿＿＿ 선생님의 방법은 장치들을 특히 집합체 속에 마련하는 겁니다. 선생님은 '무리를 이루어en bande' 작업을 합니다. 그러한 방식은 철학과 사회학에 대한 선생님의 생각과도 이어져 있을까요?

B. L.＿＿＿＿ 2002년에 카를스루에 미디어아트센터에서 〈충돌하는 이미지〉라는 전시를 열었습니다. 'icono-clasme(도상파괴주의)'가 아니라 'iconoclash(도상 충돌)'입니다. 확실한 파괴 행위가 아니라 불확실하고 유

예된 파괴 행위를 말하려 했지요.

그 전시는 내가 직접적으로 해결할 수 없었던 문제를
다룬다는 점에서 완전히 주목할 만한 아이디어들을 담았
습니다. 예술사, 유대교, 건축, 과학 등 일단 서로 다른 분
야를 다루는 일곱 명의 전문가가 있었지요. 여기에 과학
이 포함되는 이유는, 이미지 없이 사유하기라는 아이디어
에는 과학에서의 도상파괴주의도 있기 때문입니다. 우리
는 범상치 않게 아름답고 거대한 공간을 구축했어요. 그
게 책으로는 할 수 없는, 전시회의 멋진 점이지요. 관람객
들은 이 공간을 지나가면서 '구성주의constructivisme란 뭘
까?'라는 질문을 떠올리게 됩니다. 이 질문은 여러모로 의
미가 있지만 특히 철학적이지요. 카지미르 말레비치•부터
개신교가 파괴했던 가톨릭 성소들 혹은 그 반대로 가톨릭
이 파괴했던 성소들에까지 이르는 굉장히 희한한 집합체

• 　절대주의와 구성주의를 대표하는 러시아 화가.

이자 장치입니다. 그후로 이 전시에 대해서 여러 편의 논문이 나왔습니다. 이 모든 집합체는 진정한 우회détour입니다. 나 혼자서는 절대로 이 모든 문제를 풀지 못하니까요.

N. T.＿＿＿ 선생님은 자신보다 더 전문적인 사람들의 집합체를 만든다는 말을 자주 했지요.

B. L.＿＿＿ 그래요, 나보다 더 많이 아는 사람들의 집합체이지요.

N. T.＿＿＿ 그래도 문제 제기의 방향을 정하는 사람은 선생님이잖아요?

B. L.＿＿＿ 내가 질문을 제기하긴 합니다만, 그건 내 직업이 철학자이기 때문입니다. 일례로 나는 '사물들의 의회'를 연구하고 많은 글을 썼습니다. 하지만 텍스트를 쓰는 일에는 막대한 실천적 노력이나 크나큰 위

험이 따르지 않아요. "비인간은 결합체에서 무엇을 대표하는가? 우리가 말하는 존재들이 그들 자신을 대표하는 결합체에서는 무슨 일이 일어날 수 있는가?"라는 질문을 던지면서 가장 큰 파문을 일으켰던 일은 2015년 파리 COP(유엔기후변화협약 당사국총회) 직전에 프레데리크 아이투아티와 함께 많은 학생을 동원하는 하나의 장치를 만들고 우리가 실제로 총회를 해보겠다고 말한 것이었습니다. 아니, 실은 꾸며낸 실제이지만요. 우리가 하나의 상황을 만들었거든요. 내가 던진 철학적 문제의 적합성을 검증하기 위해 낭테르의 한 극장에서 수백 명의 학생이 연기를 하면서 이 상황을 만들어낸 겁니다. 그 질문이란 "미국, 프랑스, 독일, 브라질뿐만 아니라 아마존 대표단—브라질의 대표가 아니라 아마존의 대표입니다—과 해양 대표단, 북극 대표단, 석유 대표단까지 총회에 참석해 저마다 자기 입장에서 발언하면 어떻게 될까?"였습니다. COP에서처럼 의장이 "미국에 발언 시간 2분 30초 드리겠습니다, 해양에 2분 30초 드리겠습니다"라며 진행을 해요. 그러면서 상세한 교섭 négociations이 이어지고, 그로써 미국은 그들이 처한 해상 나포 문제에 대한 해양측의 기여를 이해하게 됐어요. 흥미롭지요! 물론 이러한 작업에는 너무 순진한 구석이 있습니다. 그래봤자 허구이고 하나의 역할극일 뿐이니까요. 하지만 이러한 장치가 완전히 근본적인 철학적 문제를 다룰 수 있게 해주고 새롭게 들려줍니다.

우리가 이야기하고 있는 것들은 생태학적 질문에 의해 포착되어 정치에 들어왔습니다. 실은 늘 정치의 일부였지만 우리가 깨닫지 못했을 뿐이지요. 이 모든 것이 언젠가는 발언권을 가져야만 할 겁니다. 이 관념을 제시하는 또다른 방법은 종교적 은유를 사용하는 것입니다. '발언권을 갖는다'는 게 무슨 뜻일까요? 나는 이 문제만으로 책 한 권을 썼는데『자연의 정치』가 바로 그 책입니다. 이것은 의회 차원에 해당하는 어떤 것을 건설한다는 의미입니다. 우리는 이걸 시험할 수 있는 입장이니 정말 멋진 일이지요. 우리는 같은 장소인 카를스루에 미디어아트센터에서 철학적으로 역시나 흥미로운 새로운 전시를 마련했습니다. 〈사물을 공적으로 만들기: 민주주의의 분위기 Making Things Public: The Atmospheres of Democracy〉가 바로 그 전시입니다. 앞에서 언급한 집합자에 대해 철학적으로 근본적인 질문을 다시 한번 던진 셈입니다. 현재 비인간에 대해 말할 수 있는 방법이 얼마나 있을까요? 어떻게 비인간들을 동시에 나타낼 수 있을까요? 관람객은 다시 한번 이 거대한 공간을 지나가면서 상상도 못했던 것을 보게 됩니다. 교섭, 구성, 미래를 결정하는 시민 집단의 결집은 기술, 경제, 법 같은 분야에서, 그리고 의회에서 이루어집니다. 우리 전시에는 '의회' 섹션이 있었지만 그건 단지 하나의 작은 요소, 다른 모든 진열대 틈에 있는 하나의 진열대나 마찬가지였습니다. 진열대들은 정치에 대해 다른 방식으로 말하는 집합자를 대표했습니다. 그렇게 하니까 참 아름다웠어요. 전시는 관람객에게 글 아닌 다른 형식으로 철학적 문제를 다룰 기회를 주는 매우 아름답고 강력한 매체입니다.

이것이 내가 말하는 경험철학입니다. 이 또한 집합적입니다. 전시를 한번 하려면 200여 명이 2년을 함께 일해야 해요. 그래서 내가 몰랐던 것들을 굉장히 많이 배웠습니다. 실상은 하나의 방법에 해당한다고 말할 수도 있겠지만, 어떻게 보면 나의 한계 때문이라고 할 수도 있을 겁니다. 내가 이 문제를 다룰 줄 모르기 때문에 다른 사람들에게 이 문제를 다루게 한 거예요. 나의 작은 사무실에서 텍스트를 모으려고 애쓰는 동안 나 혼자서는 해결할 수 없다고 느낀 근본적인 문제들을 나보다 훨씬 많이 아는 사람들을 집단으로 모아놓고 다루려고 합니다.

가이아가 침입했을 때—이자벨 스텡거스의 표현을 빌리자면—나는 생각했습니다. '너무 세. 내가 가이아와 마주했다가는 짜부라지고 말 거야.' 그래서 나보다 더 잘 아는 두 사람, 프레데리크 아이투아티와 클로에 라투르를 다시 한자리에 모아놓고 말했지요. "나는 연극이라는 매체가 이 존재의 도래가 일으키는 감정에 이상적으로 부합한다고 봐. 연극이 아니면 감당하기에 너무 강력해. 텍스트에 사용하게 되는 용어들은 너무 약해. 우주론의 변화는 심하게 마음을 움직이거든." 그래서 우리는 한 편의 연극을 만들었고, 그후 연극 강연을 세 번 했습니다. 나 자신을 극작가라고 보지는 않습니다. 하지만 철학은 메타언어가 아니기 때문에 다른 방식들로도 공명할 수 있습니다. 다양한 매체 가운데 전시는 연극 작품이나 강의 못지않게 철학적 작업을 하게 해줍니다.

사유의 전시가 클로에 라투르 선생의 사상을 공간화한 것이라고 생각한다면 완전히 오산입니다. 사실 라투르 선생은 알지는 못하지만 그럼에도 뭔가를 생각해야 한다고 느끼는 사람입니다. 그것을 성취하기 위해서는 다른 사람들의 작업이 필요하고 라투르 선생은 그러한 작업과 관람자들의 반응에서 자신이 탐구하던 것을 배울 수 있습니다. 그게 정말 아름다운 겁니다. 철학은 자신이 근간이라는 이런 유의 주장을 멈출 때 자못 다양한 수단을 확보할 수 있습니다. 책을 쓰는 것도 매우 좋지만 그 외에도 해야 할 일이 참 많기도 많아요. 예를 들어 우리는 가르쳐야 하고, 학교/학파école를 만들어내야 합니다. 나는 학교를 만들지는 않았지만 교육 장치를 만들었지요. 내가 만든 SPEAP는 10년째 유지되고 있습니다.

왜냐고요? 예술 없이는 이 모든 생태학적 문제에 접근할 수 없기 때문입니다. 생태학적 상황을 분해하고 소화할 수 있는 정동이 없다면 그 상황이 너무 버거울 수밖에요. 여러분은 마음속 깊이 불안해하고 그 일을 도저히 해낼 수 없다고 느낄 겁니다. 따라서 서로 다른 방법 간의 결합을 찾아야 합니다. 하지만 프랑스 대학에 이런 유의 연극을 만드는 일이 경제학이나 사회학 개론서를 집필하는 것만큼 중요하다고 이해시키기란 너무 어려워요! 오늘날 이 문제에 대해 연구하는 사람은 너무도 적습니다. 대학이 더이상 19세기에 훔볼트가 만들어낸 대학에 머물지 않고 변화하는 것이 나에게는 굉장히 중요했어요. 척후병 노릇을 하면서 프로젝트가 선량한 사람들에게까지 도달하기를 기다려서는 안 됩니다. 오히려 대학측이 그 연구 능력으로 땅의 변화를 겪으며 자신이 어디에 있는지 이해하고자 애쓰는 이들을 아주 실질적으로 도와야 합니다. 대학의 의미를 역전시키고, 기초연구의 척후병이 되기보다는 여전히 중요한 기초연구를 마땅히 계속하되 연구는 그 연구에 영향을 받는 사람들에게 향해야 합니다. 이것은 "여러분이 몰랐던 것을 가르쳐주겠습니다"라는 태도가 아닙니다. 우리는 근대사에서 빠져나왔기 때문에 새로운 지구가 무슨 상황인지 정확히 알지 못해요. 우리는 지구 안에 잠겨 있었어요. 따라서 사람들이 공황에 빠지거나 방향을 잃지 않도록, 작금의 정치적 절망을 지켜보기만 하지 않도록, 우리는 이 새로운 상황을 이용할 수단을 찾기 위해 뭐든지 해야 합니다.

N. T._____ 선생님은 장치를 만들고 집합체를 만들고 학교를 만들었습니다. '학파를 만들었다'는 자각도 있으신지요?

B. L._____ 내가 깊이 활용한 생태계는 대단히 복잡하고 다양합니다. 이 생태계는 학파가 아닙니다. 과거 철학 학파를 정의하는 데 쓰였던 의미로는 절대로 아니지요. 들뢰즈주의자나 푸코주의자 같은 의미의 '라투르주의자'는 없습니다. 잘된 일이지요. 그런 건 결코 목표가 아니니까요. 목표는 언제나 다양한 매체와 학문 분과들이 서로 대등한 집합체를 만드는 것이었습니다. 그게 정말 중요합니다. 내가 높이 평가하며 함께 작업하고 있는 젊은 연구자들은 이렇게 말하는 것이 옳다고 봅니다. "근대화에서 생태화로 넘어가기 위해서, 다시 말해 근대화 상황에서의 자유와 풍요를 보존하면서도 지구의 거주 가능한 한계 안에 머무는 상황으로 가기 위해서 단행해야 할 변화는 모든 학문 분과를 필요로 할

만큼, 또한 대학, 박물관, 그 외 모든 기관에서 상상할 수 있는 가능한 모든 주제를 두고 연구해야 할 만큼 광범위합니다." 나는 이 이행의 순간을 도왔고 계속 도울 수 있기를, 그로써 우리가 수단을 확보하게 되기를 바랍니다. 나는 여전히 학파를 만들지 않았지만 이것이야말로 오늘날에 맞는 진정한 모델이라고 생각합니다. 서로 완전히 다른 학문 분과들이 집합적으로 작업하는 모델 말입니다. 그 학문 분과들은 매체도 각기 다르지만 같은 문제에 접근하지요. 이러한 모델은 과학적 생산물을 내놓고 A급 혹은 B급 학술지에 발표한 후에 대중에게까지 확산되기를 바라지 않고 오히려 연구자 못지않게 혼란에 빠져 있는 대중을 향합니다. 이것은 절대적으로 중요한 모델이지요.

종교적인 것의 진리

N. T._____ 선생님은 『기뻐하기 혹은 종교적 말의 고뇌Jubiler ou les Tourments de la parole religieuse』에 이렇게 썼습니다. "바로 이것이 그가 말하고 싶은 것이다. 바로 이것이 그가 말할 수 없는 것이다. 그는 철통처럼 입이 무겁고 말을 더듬는다. 입 밖으로 표현할 수가 없다. 그는 아주 오래전부터 마음에 두고 있던 것을 공유하지 못했다. 부모와 가까운 사람들 앞에서 숨길 수밖에 없다. 그는 말을 더듬거릴 수밖에 없다. 어떻게 친구, 동료, 친척, 학생 들에게 고백할 수 있겠는가?"

여기서 '그'는 브뤼노 라투르, 바로 선생님이지요. 선생님이 신을 믿느냐 믿지 않느냐는 묻지 않겠습니다. 왜냐하면 개인적인 관점에서나 철학적 관점에서나 그런 얘기가 아니라는 것을 알기 때문인데요. 그래서 그냥 이렇게 묻겠습니다. 왜 종교적인 이야기를 하는 게 그렇게나 어려운가요?

B. L.＿＿＿＿＿ 종교적인 말은 매우 독특한 유형의 진리 진술에 해당합니다. 듣는 사람을 개종시키고 변화시키는 특성이 있지요. 그리스도인이나 설교자나 신도는 자신이 하는 말을 통해 상대의 삶을 변화시킵니다. 과학자가 실험실에서 추구하는 바, 여성 정치인이 선거에서 추구하는 바, 혹은 법학자가 하는 일은 그렇지 않아요…… 종교적인 것의 진리 진술 양식은 특수한 점이 하나 더 있습니다. 그러한 표현의 어조, 종교적 기쁨의 조건이라고 부를 수 있는 것(다시 말해, 실패할 수도 있

는 것)이 고유하다는 겁니다. 다양한 진리 진술 양식들에서 흥미로운 점은 그 양식들이 실패할 수 있다는 거예요. 설교만 들어봐도 그러한 실패가 자주 일어난다는 것을 알 수 있지요. 불과 며칠 전에 내 누이의 장례를 치렀어요. 장례미사를 집전한 침울한 사제들의 강론은 재앙 수준이었고, 웅변 행위로서도 완전히 실패였어요. 그 강론은 교회 안에 있던 사람 중 단 한 명의 마음도 돌리지 못했지요. 과학적 사실의 발견이 날이면 날마다 이루어지는 게 아닌 것처럼 (성공적인) 종교적 발화도 매우 드물답니다.

하지만 이렇게 희한한 형식의 말이 그 말을 듣는 자를 변화시킨다는 것은 어떤 면에서 절대적 진리와 연결됩니다. 내가 굉장히 좋아하는 걸출한 이집트학자 얀 아스만이 이 문제를 두고 흥미진진한 책을 여러 권 썼지요. 그는 서양 문화에서 종교라고 부르는 것이 사실은 종교적 문제를 통하여 참/진리 개념을 도입하는 종교에 해당한다고 생각했어요. 그런데 그때까지는 종교가 반드시 참된 것이어야만 했던 게 아닙니다. 그리스인에게는 그리스인의 종교가 있었고, 스파르타인의 종교와는 다른 아테네인의 종교도 있었어요. 그 종교들은 시민사회의 형식들이었고—비단 그것만은 아니었지만—종교를 참된 것으로 믿으라고 요구하지 않았습니다. 하지만 '참'은 무슨 뜻입니까? 이 지점에서 진리 진술 양식의 문제가 아주 중요해집니다. 진리 진술에 있어서 참은 내가 하는 말로 그 말을 듣는 사람을 변화시키는 힘입니다. 바로 이 회심의 진리, 개종의 진리라는 양식이 자선 행위, 우리가 신앙이라고 부를 수 있는 행위를 통하여 수천 년간 전해졌습니다.

그러다가 "우리 신이 참된 신이다"라고 말하는 진리가 등장했습니다. 이 진리는 자칫 다른 형태의 진리들로 전환될 위험이 있습니다. 아스만은 유대교-그리스도교가 여기에 해당한다고 봅니다. 이건 완전히 새로운 사태였어요. 어떤 그리스인도 "아폴론이 참된 신이다"라든가 "제

우스가 참된 신이다"라고 주장하지 않았으니까요. 참/진리 개념이 신 개념과 연결될 수 있다는 이 기막힌 아이디어가 세상에 도입되자 참은 진리의 다른 형식들을 잡아먹고 물어뜯기 시작했습니다. 그러자 종교적인 것은 자기 양식과 다른 양식들은 참이 아니라면서 마구 침범했습니다. 다른 양식들도 도덕이나 학문이나 법이라는 면에서 마찬가지로 참인데 말입니다.

당신이 내 책에서 인용한 문장은 종교적인 것에 대한 이런 전적인 몰이해를 다루고 있습니다. 이 몰이해의 가장 큰 재앙이 정치에 있지요. 종교가 고유한 양식을 벗어나서 참이라면 정치를 맡을 헤게모니적 소명이 있다는 생각 말입니다. 우리 모두의 스승, 저 위대한 스피노자는 '신학정치론'이라고—이 단어는 좀 기이합니다만—딱 맞게 이름 붙인 범상치 않은 텍스트에서 다른 시대의 문제를 풀어내기 위해 이 중요한 질문을 끌고 들어옵니다. 정치를 구할 수 있을까요? 정치 고유의 진리 양식을 구할 수 있습니까? 종교적인 것에도 고유한 진리 양식이 있는데 거기에서 정치를 구할 수 있습니까?

내가 17세기에 제기된 이 질문에 주의를 환기하는 이유는 이 질문이 오늘날에도 제기되기 때문입니다. 우리에게도 몇 가지 신학정치의 문제가 있습니다. 비단 그리스도교뿐 아니라 다른 종교들과 관련해서도요. 정치적 의미의 진리와의 연결을 풀기 위해서는 종교적 양식의 진리 진술 유형을 따로 분리해야 합니다. 이게 흥미로운 것이, 콘스탄티누스대제 시대까지 거슬러올라갈 필요가 있고 상황이 여러 단계에 걸쳐 이렇게 되었다는 점을 이해해야 합니다. 일단 그리스도교가 제도 종교가 되었을 때, 그리고 12세기에 그리스도교가 행정과 문명의 전반적 운영을 좌우하고 개인의 도덕심부터 일반 정치까지 모든 것을 맡아야 한다는 이른바 황제교황주의가 발명되었을 때 다시한번 그렇게 되었지요. 좀더 나중에 나타난 예들도 있습니다. 그때마다 정치적 양식의 정당함과 종교적 양식의 정당함이 동시에 상실된 바 있지요.

스피노자가 사용한 용어는 기이하게 보이지만 굉장히 중요합니다. 우리의 역사 전반에 걸쳐 제기된 문제는 신학정치적 문제가 맞거든요. 스피노자의 『신학정치론』이 주도한 기획은, 다른 여러 작업에서와 마찬가지로, 종교적인 것에 고유한 진리의 독창성을 살려서 이를 신앙과 혼동하지 않게 하는 것입니다. 종교 고유의 진리가 세상의 질서를 도모하고 도덕과 정치를 책임지는 수단이라고 생각하지 못하게 하는 거죠.

N. T._____ 그렇지만 선생님의 책을 읽으면서 신학이 정치를 구하러 나설 수는 없어도 생태학적 문제를 다루려 할 수는 있겠다는 인상을 받았습니다. 특히 2015년에 프란치스코 교황이 발표한 회칙 '찬미받으소서'가 생각나는데요. 이 회칙은 지구의 비명과 가난한 자들의 아우성을 연결하여 표현했지요. 일단 신학은 특히 이

순환적 시간을 통해 오늘날의 기후 문제를 해결하고 위기에 직면한 우리의 무기력이라는 난제에서 벗어나게끔 도움을 줄 수 있을 것처럼 보입니다. 다른 한편으로, 독일의 이집트학자 얀 아스만처럼 신학의 유일신론적 표현에는—자연과 문화를 분리하는 동시에 자기 존재 양식의 헤게모니를 드러내는—어떤 면에서 근대인들의 과오가 있다고 볼 수도 있고요. 이 역설을 어떻게 생각해야 할까요?

B. L._____ 이 영성의 문제가 고착된 지 300년은 됐습니다. 과학이 헤게모니를 쥐면서 종교적 헤게모니가 완전히 이동했기 때문에 가엾은 종교인들에게는 초자연적인 이야기를 하는 것밖에 남지 않았지요. 신학자들에게 생태학적 순간이 해석의 공간과 의무를 다시 여는 결과를 가져왔다는 것은 의심의 여지가 없습니다. 나는 그들에게 이렇게 말합니다. "당신들에게 얼마나 큰 행운이 떨어졌는지 보세요. 교회를 근대화해야 하는가

를 두고 한 세기 반을 고민했는데 이제 더이상 그 문제를 제기할 필요가 없잖아요. 여러분이 맞서 싸웠던 근대성, 여러분이 그 안에서 어떻게 자리잡아야 하는지 이해하지 못했던 근대성이 이제 문제가 되지 않습니다. 근대성은 여러분 앞에서 끝났어요." 그렇지만 그들이 늘 동의하는 것은 아닙니다. 주교나 사제에게 생태학이 신학의 문제를, 일례를 들자면 강생Incarnation 문제를 새롭게 제기할 절호의 기회라고 설명하기가 쉽지는 않아요. 하지만 천국 이전의 세상이 중요하다는 생각, 지금은 버려진 이 생각이 교회의 전통 그 자체이며 과거 교부들에게 굉장히 중요했던 고전적 질문입니다.

근대성의 종말은 교회가 다시금 성찰의 장을 열고 자신의 고유한 전통, 곧 인간이 된 신의 전통을 회복하게 해줍니다. 지구에 있는 신, 창조 속에 거하며 창조에 참여하는 신, 창조물과 같은 흐름 속에 있는 신, 공동 증인인 신의 전통 말입니다. 생태학과 함께 신학의 차원에 기회가 열렸습니다. 발명해야 할 것들이 아주 많습니다. 그것들이 성모마리아나 그 밖의 많은 것에 대한 이야기를 그만두게 할 수도 있을 겁니다. 그것들은 차곡차곡 쌓인 연속 화면들입니다. 그 화면들도 다 좋은 이유로 만들어졌지만 지금 시점에서는 수백 년 전의 이유일 뿐이지요.

당신이 가난한 자들의 아우성과 가이아의 비명을 연결해서 인용한 것은 아주 적절했습니다. 이는 근대인의 우주론으로 보면 당연히 아무 의미도 없어요. 지구는 비명을 지르지 않고 가난한 자들이 아우성칠 때 우리가 그들의 말을 듣는 것도 아니니까요. '가난한'이 '사회적으로 혜택받지 못한'을 뜻하고 신학에서 말하는 '가난한 영혼'이 아무 의미도 없는 세속적 세계에서 이 특별한 융합은 상상할 수 없는 것입니다. 생태학을 통해 완전히 새로운 가능성들을 포착할 수 있게 될 겁니다. 교황이 한 훌륭한 일은 새로운 신화를 만들었다는 겁니다. '나의 자매 지구'라는 이 기막힌 발명품에 화가 난 사람들, 사제들, 추기경

들이 참 많았습니다. 그들에게는 이게 너무 이상한 거죠! 이걸 어떻게 해석해야 할까요? 교황이 이런 얘기를 하면 사제는 무엇을 해야 할까요? 그때부터 우리에게 기회가 열립니다.

생태학을 새로운 종교 이데올로기가 아니라 가능성을 여는 역량으로 보아야 합니다. 이것은 매우 광범위한 버전의 생태학으로, 모두가 그리스도인은 아니지만 근대성의 종말을 목격하며 정치의 가치를 되찾는 방법을 이해하기 위해 노력하는 우리가 합의를 볼 수 있게 해줍니다. 사실 이것은 재문명화의 기회예요. 우리는 근대성과 함께 문명화되었지만 막다른 골목에 다다랐으니 잘못된 문명화였습니다. 이제는 생태학적 문제를 가지고 재문명화될 수 있습니다.

과학이 만들어지는 대로

N. T._____ 선생님은 현재 생존해 있는 다른 여러 사상가와 달리 위기에 처한 공간이나 생물종의 보호에서 출발해 생태학에 도달한 게 아닙니다. 선생님을 생태학으로 이끈 사회학과 과학철학의 문제는 어떤 것들인가요?

B. L._____ 생태학은 나의 주요한 주제가 아닙니다. 나는 과학자들의 활동을 분석하다가 생태학에 도달했습니다. '과학이 어떻게 만들어지는가'—이건 아주 오래

전에 미셸 칼롱과 함께 낸 에세이집의 제목인데요, '만들어진' 과학이 아니라 '만들어져가는' 과학에 대한 얘기입니다—를 관찰하기 시작하면서 나는 이 주제에 발을 들이게 됐어요. 과학은 항상 논쟁과 함께, 다시 말해 자잘한 정치적 문제들, 자잘한 에고ego의 조각들, 과학자들 사이의 경쟁적 역학이 뒤섞여 있는 와중에 만들어집니다. 현재 시점에서는 이를테면 코로나바이러스감염증에 관한 과학, 살충제에 관한 과학, 혹은 기후 문제와 관련된 과학에서 이러한 양상을 완벽하게 관찰할 수 있습니다.

그리고 과학은 특정한 몇몇 장소, 희귀한 지점에서 이루어집니다. 나는 50년 동안 나의 흥미를 자극한 실험실이라는 대상에 대해 말하고 싶습니다. 바로 여기서 중요하고 흥미로운 사건과 발견이 이루어집니다. 이를테면, 엔도르핀이라든가요. 지금은 엔도르핀을 모르는 사람이 없지요! 하지만 샌디에이고 소크 연구소라는 장소를 연구하면서 나는 그 인공적인 장소에서 하루하루 엔도르핀이 만들어지는se faire, 어떤 의미로는 떠오르는émerger 것을 지켜보았습니다. 그게 정말 흥미진진했어요. 대문자 과학에 대한 고전적 인식론으로 가득찬 상태에서 그곳에 갔는데 실제로 완전히 놀라운 이 사실을 깨달은 겁니다. 실험실이 인위적이기 때문에 확실한 사실들을 수립할 수 있다는 것을요. 실험실은 희귀한 장소이기 때문에 확실성에 도달할 수 있습니다. 발견은 굉장히 드문 것이지요.

N. T._____ 선생님은 사회학자인데 어쩌다 과학과 실험실에 관심을 가지게 됐나요?

B. L._____ 실험실은 객관성이 생산된produit 것, 제작된fabriqué 것이라는 이 놀라운 모순을 고려하게 해줍니다. 이것은 인식론이 300년간 다루었던 아주 거대한 철학적 문제이지요. 우리는 어떻게 과학적 진리에 도달할 수 있을까요? 어떻게 '이것은 제작된 것이다'와 '이

것은 참이다'를 하나의 문장에서 연결할 수 있을까요? 이 질문을 어떻게 다룰까요? 나는 "앞으로 어떻게 되는지 보자고요"라고 대답합니다. 이런 식의 우회가 문제들을 다루는 나의 일상적 방법이 되었습니다. 이렇게 소극적이면서 철학적인 질문에 대답하기 위해서는 현장이 필요하고, 장소가 필요합니다. 어떻게 이루어지고 만들어지는지 볼 수 있는 장소 말입니다. 미셸 푸코 또한 그렇게 했지요.

정확히 그러한 이유로 나는 실험실에서 2년을 보냈습니다. 철학적 문제에, 그렇지만 실천에 대한 분석의 디테일을 통해 접근하기 위해서. 나는 이 거대한 미스터리를 완전히 경험적으로 연구할 수 있겠다고 깨달았습니다. 몇시간 사이에 "이게 엔도르핀인데 아직 확실치 않아요"에서 "확실합니다. 사실로 확립되었어요"로 넘어가는 과정을 추적하면 그럴 수 있지요. '어떻게 우리는 과학적 진리에 도달하는가?'라는 해결 불가능한 철학적 문제가 완전히 경험적으로 연구할 수 있는 것이 된 겁니다. 게다가 오로지 경험적 연구로만 가능하기 때문에 현장 연구가 흥미로워집니다. 물론 이 과정을 이해하려면 상당한 시간을 들이고 놀라운 것들을 분석하기 위해 원리, 방법, 인류학, 철학을 조합해야 합니다. 엔도르핀이 오후 5시까지만 해도 하나의 가능성이었는데 오후 5시 반에는 하나의 사실이라니, 굉장히 놀랍지 않나요.

N. T._____ 맞아요, 정말 그렇습니다. 어떻게 그게 가능한가요?

B. L._____ 미세한 수단들로 그렇게 됩니다. 하지만 그 수단들은 실험실에서 일어나는 일의 축적이지요. 예를 들자면 실험용 쥐가 주어진 질문에—쥐에게 엔도르핀을 주입하면 어떤 모습을 관찰하게 될 것인가—답하는 식으로. 학계 동료들이 초기 가설들을 반박하면 거기에 대응하면서, 또 이런 과정을 반복하면서 말입니다.

이런 일련의 논쟁을 생략할 수는 없어요. 논쟁이야말로 실험실에서 만든 답을 질적으로 향상시킬뿐더러 더욱 확실하고 공고하게 하는 것이니까요. 내가 연구한 것은 엔도르핀에 대하여 만들어져가는 것을 비판하는 동료들이라는 환경입니다. 하지만 동시에 같은 연구 주제를 놓고 경쟁하는 연구소가 네다섯 군데는 있고 연구소에 따라 엔도르핀을 지칭하는 이름이 다르다는 점도 생각해야 해요. 그러다 불확실성이 사라지고 안정화되는 시기가 옵니다. 믿을 수 없는 일이지요. 사실faits이 '만들어지는faits' 것인데도 확실하다는 것을 관찰할 수 있다니. 되는대로 끌어모아 만드는 것이기 때문에 과학적 방법은 상관없어요! 내가 자세히 보여준 것은 실험실에서 관심을 집중시키는 예의 그 대상을 안정화하기 위해 여러 자원을 찾는다는 겁니다.

그리하여 이자벨 스텐거스가 탁월하게 짚어주었던 관념이 등장합니다. 작동을 이제 막 개시한 사실에 불과한

엔도르핀이 그것이 무엇인지 그것의 이름으로 말하게 해
준다는 거예요. 이 순간 주관적인 생산물, 동료가 있고 그
뒤에는 사회가 있다는 사실, 이 모든 것이 사라집니다. 이
제 확립된 사실이 스스로 말한다고나 할까요. 물론 인위
적으로 구축된 실험실에서, 그 엔도르핀이 스스로 말하도
록 허락하는 사회적 세계를 배후에 두고서 말입니다. 이
연구 주제는 너무나도 아름답기 때문에 과학철학에서 완
전히 벗어났습니다. 과학철학은 반대로 과학을 의견에서
완전히 분리된 것, 사회적이거나 정치적인 것과 전혀 무
관한 것으로 간주하잖아요. 내가 실험실에서 2년을 보내
며 목격한 것은 정확히 그 반대였습니다. 의견, 사회적인
것, 정치적인 것이 과학자들의 실태입니다. 그들은 그러
한 실제 수행을 통하여 객관적 사실을 생산해요. 나와 내
동료들이 이 자명한 사실을 보여주려고 노력한 지도 45년
이 됐네요. 우리는 진정한 과학의 역사, 과학사회학을 함
께 만들어왔어요. 그렇지만 내 생각에 그러한 작업이 과
학자들에게 미친 영향은 새 발의 피이지 싶네요.

N. T._____ 어째서요?

B. L._____ 이건 헤게모니의 문제거든요. 내 생각에는 헤게모니가 딱 맞는 표현이에요. 대문자 과학의 헤게모니가 사회에 대한 분석 전체를 짓누르는 한, 우리 연구 영역의 효과가 아주 크다고 말할 수는 없어요. 꼭 우리 사회만 그런 건 아니지만 특히 프랑스 사회에서는.

N. T._____ 현재의 보건 위기처럼 말이지요.

B. L._____ 이 위기는 우리가 과학자들에게 당장 사실을 생산하라고 요구하는 방식을 잘 보여줍니다. "여러분은 과학자니까 사실을 생산해내십시오." 하지만 실상은 그렇지 않아요! 이자벨 스텡거스가 자기 방식대로 부단히 보여주었잖아요. 사실들은 희박하고, 과학적 발견은 정말 희소하지요. 어디서나 통하는 과학적 방법에

대한 관념, 그러니까 하얀 가운을 걸치면 아무 말이나 해도 과학적 권위가 있는 것처럼 받아들여진다는 관념은 완전히 허구입니다. 그런 건 사기예요. 이 학문 분과에서 통하는 것이 다른 학문 분과에서는 통하지 않거든요. 아니, 같은 분과 내에서도 어떤 경우에 성공한 것이 그다음 경우에도 반드시 통하리라는 법은 없습니다. 그래서 나와 내 동료들의 생각은 이 지상을 벗어난 과학을—도나 해러웨이가 말했던 "입장 없는 관점view from nowhere"의 과학을—다시금 그것이 생산된 네트워크로 끌고 오자는 것이었습니다. 여기에 사람들은 동요했고, 과도하게 흥분한 철학자들은 과학에 대한 비판을 부르짖었습니다! 과학 비판이라니, 천만에요! 우리가 비판한 것은 인식론이었지, 과학도, 과학의 실태도 아니었어요. 현재 나의 주장은 과학을 "입장 없는" 세계의 관점을 구축하겠다는 목표 따위는 없는 겸손한 학문적 관행으로 인정할 때 더 잘 이해하고 더 잘 지켜나갈 수 있다는 겁니다. 기후 위기와 코로나바이러스 위기가 이 주장을 더욱 확고히 해주었다고 말해야겠네요.

과학의 실천이 객관적 사실에— 우리가 과학적으로 보장할 수 있는 유일한 것에—도달한다면 그 이유는 바로 과학이 다양한 동료와 함께하는 가운데 만들어지고 치밀하게 추적되기 때문이요, 인위적인 실험실들을 만들고 자금을 조달해야 하기 때문입니다. 과학은 실수하고, 망설이고, 희박하기 때문에 객관적 사실을 생산할 수 있습니다. 하지만 이러한 생각은 과학자들의 억견doxa, 다시 말해 그들의 통상적인 의견으로 들어오지 못했지요.

N. T._____ 그래도 상황이 변하기 시작했습니다. IPCC(Intergovernmental Panel on Climate Change, 기후변화에관한정부간협의체)를 봐도 그렇잖아요. IPCC 회원들도 가끔씩 우리에게 일어난 일을 이해하려면 선생님의 과학철학이 필요하다는 말을 한다지요?

B. L. _____ 기후과학은 특히 흥미롭지요. 물리학, 화학, 수많은 모델과 알고리즘으로 구성되어 있고 대양의 부표, 위성, 채굴 등에 동시에 의존합니다. 요컨대, 이 과학은 수억 개의 서로 다른 데이터로 이루어진 퍼즐입니다. 과거에 철학자들이 말하던 것 같은 가설연역적 학문이 아니에요. 기후과학은 다양한 데이터의 조립이고 이 조립은 수천 가닥의 실로 짠 융단처럼 탄탄합니다. 이 퍼즐에 힘입어 사실상 1980년대부터 이산화탄소가 지구의 온도를 높일 것이라는 전망이 나왔어요. 기후를 연구하는 사람들은 이를 확신했기 때문에 행동이 따를 거라고 생각했지요. 결과적으로 그들은 놀랐고 말았어요. 행동이 따르지 않았을뿐더러 그들이 과학의 권위로 충분히 옹호할 수 있다고 생각했던 바로 그 부분에서 공격을 받았거든요. "과학적으로 봤을 때 이러하다"고 하면 될 줄 알았는데 셀 수 없이 많은 로비 단체가 '가짜 뉴스'라는 둥, 과학적으로 따져봤는데 전혀 그렇지 않다는 둥 반대를 하고 나선 겁니다. 1990년대부터

시작되어 오늘날까지 끝나지 않은 이 싸움에 대해 나는 제법 연구를 해보았습니다.

내가 특히 흥미로웠던 것은 기후과학자들, 지구과학자들, 임계지대를 연구하는 학자들이 대문자 과학을 만든 그 인식론으로는 그들 자신을 지키기 어렵겠다고 느꼈다는 사실입니다. 지금껏 그 과학에 의지해 "과학적으로 보아 이러이러하니 행동이 뒤따라 나올 겁니다"라고 말했는데 말이에요. 과학으로 말했는데도 행동이 따라 나오지 않은 이유는 대문자 과학이 존재하지 않기 때문입니다. 그 과학자들은 흡사 목검을 들고 방어하며 이렇게 말한 셈입니다. "봐라, 우리는 과학자다, 우리 말이 맞거든?" 그들은 두들겨맞았고 사기가 떨어졌습니다. 바로 그 무렵 몇몇 사람이 우리를 보러 왔어요. 그들은 나와 학계 동료들에게 도움을 구했지요. 하지만 우리가 도움을 제공하는 조건은 과학자들이 먼저 과학을 매우 특수하고 비용이 많이 드는 네트워크 안에 위치한 하나의 실천으로 받아들여야 한다는 것이었습니다. 그 실천은 대단히 신중하고 조심스럽게 유지되어야 하는 것이지요. 우리는 과학자가 되는 순간부터 우리가 말하는 것은 과학적이라는 생각, 어디서나 통하는 이 잘못된 생각을 떨쳐내야 합니다. 과학자들은 보편적이지 않습니다. 과학은 결코 홀로 작동하지 않습니다.

문제는 과학자들이 버터는 버터대로 갖고 버터를 팔아버는 돈도 가지고 싶어한다는 겁니다. 그들은 과학의 실천을 원하는 동시에 의견, 도덕, 종교 등에 대해서까지 진리를 규정하는 자기들의 특정한 방식에 주어진 헤게모니도 원합니다. 그리하여 경제학자들조차 자기들이 과학적이라고 합니다만 그런 말은 엄밀하게 보아 아무 의미도 없습니다. 과학적이라는 말은 그냥 구호처럼 쓰입니다. 투창을 들고 공격하는 방식일 뿐, 과학의 실무와는 전혀 상관이 없어요.

존재 양식들

N. T._____ 선생님은 저작의 대다수를 출간한 라데쿠베르트 출판사에서 2012년에 내놓은 주저 『존재 양식의 탐구』에서 과학, 종교, 그 외 특정 존재 양식들의 헤게모니과 싸웁니다. 선생님이 보기에 존재 양식의 복수성을 수호하는 것이 바로 철학의 역할인가요?

B. L._____ 나는 내가 철학자인지 사회학자인지 모르겠습니다만……

N. T.＿＿＿＿ 그럼 그 질문을 해야겠네요!

B. L.＿＿＿＿ 기본적으로 철학자입니다만 사회학의 문제를 풀려고 노력합니다. 사회는 무엇으로 이루어지는가라는 문제 말입니다. 사회는 사회적 관계들로 이루어진다고 전제되지요. 하지만 내가 운좋게 국립광업학교 혁신사회학센터에서 친구들과 함께 진행할 수 있었던 연구, 새로운 집합체에 관한 연구에서 우리는 사회학이 사회적인 것이 아니라 결합에 대한 학문이라고 주장했습니다. 사회학은 서로 아무 관계도 없는 이질적인 것들의 결합을 연구합니다. 기술도 조금, 법도 조금, 과학도 조금…… 그런 식으로.

나는 항상 그 이면에 진정한 철학적 문제가 있다고 생각했습니다. 진짜배기 사회학자인 내 동료들은 절대로 내게 동의하지 않았지만요. 나 같은 전형적인 철학자에게 이것은 진리의 문제입니다. 진리란 무엇일까요? 속된 표현으로 철학의 DNA에는 전체성에 대한 관심이 내장되어 있습니다. 그건 헤겔의 전체성일 수 있지만 그 외에도 여러 가지 전체성이 있습니다. 이를테면 화이트헤드의 전체성이라든가.

N. T._____ 다시 말해, 철학은 전체를 사유하려 한다는 거군요.

B. L._____ 철학은 전체를 사유하고자 합니다. 세계를 이루고 있는 전체 말입니다. 진부하지만 나는 항상 굉장히 자명한 질문이라고 생각했어요. 그와 동시에, 철학은 그러한 사유에 도달하지 못하는 것입니다. 철학은 자신이 그럴 수 없다는 걸 알아요. 철학은 반드시 비판적이지는 않지만 불확실성과 암중모색 속에 있습니다. 나는 완전히 고전적인 철학의 문제—진리란 무엇인가?—로 돌아온 겁니다.

종교적 존재 양식에서의 진리 문제를 연구하면서 이미 어떤 아이디어가 싹트기 시작했습니다. 나는 실험실 연구의 틀 안에서 객관성의 생산이라는 주제에도 관심을 가졌지요. 이것도 결국 진리 양식의 일환입니다. 하지만 가장 놀라운 발견은 그것이 얼마나 지엽적인가를 확인한 것이었습니다. 쥐 실험을 하는 실험실에서 발표까지 이어지는 그 복잡한 단계 가운데 단 하나라도 누락되면 사실은 증발합니다. 진리는 오로지 차례차례로만 획득됩니다. 왠지는 모르겠는데 어렸을 때부터 나는 차례차례의 문제에―다시 말해 '통과passer'에―항상 관심이 있었어요. 단계들을 뛰어넘어서는 안 되고 각 단계를 통과할 때마다 대가를 치러야 합니다.

이 차례차례 문제를 거대한 철학적 문제들에 적용하는 게 이상해 보일 수 있습니다. 하지만 그게 내 방법입니다. 방법이라고 부를 수 있다면 말이지요. 전체에 관심을 두되 아주 세세하고 결코 즉각적이지 않은 메커니즘을 통해서 전체에 이르는 방법이지요. 실험실에서는 단계들을 밟아나가며 객관성을 확보합니다. 법정에도 단계적 절차가 있고 그 어떤 단계도 뛰어넘어서는 안 됩니다. 이로써 조직화가 가능하지요. 내가 법에 관심을 두었던 것도 그러한 이유 때문이었습니다. '법적으로 참'은 우리가 아는 진리와 자못 다른 대안적 진리가 어떤 것일 수 있는가를 놀랍게 보여주는 멋진 예입니다. "죄송합니다, 선생님 말씀이 다 맞겠지만 법적으로는 거짓이에요(근거가 없어요)"라고 말하면 누구나 이게 무슨 뜻인지 알아듣지요. 변호사가 당신의 증언이나 트라우마를 인정하면서도 법적으로는 당신 과실이라고 말하면 그것도 무슨 뜻인지 이해할 겁니다. 판사가 그렇게 말했다면 끝난 거고요. 법에만 고유한 진리 유형이 있습니다. 모두가 그 유형은 별개라고 이해하지만 확실한 것으로 받아들입니다. 좀더 특정하자면 '법적으로 확실한' 것으로 말입니다. '법적으로'라는 부사는 하나의 존재 양식, 별도의 진리 양식으로서 존중받습니다. 감히 이런 표현을 하자면, 다른 양식들에 대해서 침을 흘리지 않는, 다시 말해 그것들에 대해 특수한 헤게모니를 갖지 않는 양식으로서요.

국립광업학교 혁신사회학센터에 갔을 때 나는 진리 양식들을 나란히 놓고 비교해보자는 생각을 이미 오래전부터 품고 있었습니다. 그래서 진리의 문제, 그에 나란한 사회학적 문제, 우리 사회가 무엇으로 이루어져 있는가가 유기적으로 연결되었지요. 우리 사회는 법, 과학, 기술, 종교로 이루어져 있어요. 이것들은 전부 다른 진리의 체제이자 양식이지요. 이 조각들의 결합체가 사회를 구성합니다. 사회적인 것은 이 모든 부분들, 서로 양립할 수 없이 다른 유형의 진리들로 이루어져 있습니다.

어떤 사람에게 "미안합니다, 끔찍한 트라우마를 겪으셨지요, 하지만 그건 법적으로 거짓입니다(근거가 없습니다)"라고 하면 그 사람은 비록 마음은 안 좋겠지만 법에 고유한, 매우 특수한 기술적 진리 양식을 인정할 겁니다.

달리 말하자면, 이 진리 양식은 다른 것들과 별개입니다. 그 양식에는 과학의 그것과는 완전히 다른 고유의 위력, 고유의 자부심, 고유의 권한이 있지요. "법적으로 참이고, 과학적으로도 참입니다" 같은 말은 하지 않아요. 과학자들은 과학적으로 참인 것은 결과적으로 어디서든 참이라고 말하기를 주저하지 않는 반면, 종교인, 법조인, 정치인은 적어도 이런 의미에서는 단지 의견을 생산할 뿐입니다. 물리학, 화학, 생물학의 발명은 특별히 아름다운 발견이지만 근대에는 과학적 진리의 양식이 제대로 자리를 잡아 모든 과학이 어디서나 통용되는 인식론에 매몰되어 지상 밖으로, 일종의 "입장 없는 관점"으로 옮겨졌습니다. 그러는 동안 다른 실천들은 그들의 방법, 사유 대상, 결과와 발견은 주관성에 불과하다는—세계는 이미 만들어져 있다는—말을 들어야 했고요. 그런 일은 범죄입니다. 다른 진리 양식들을 전부 무효화하고 한꺼번에 짓밟는 거예요. 심지어 과학적 양식의 진리조차도 말입니다. 그 진리가 어떻게 만들어졌는지, 어떻게 그런 결과들에 도달했는지 말하지 않음으로써 과학적 생산을 차례차례 잃는 셈이지요.

법은 꼭 정복적이지는 않기 때문에 나에게 어떤 면에서 나침반이 되었습니다. 물론 법에도 헤게모니의 욕망이 없지 않습니다만 법은 아주 오래된 양식인 만큼—과학보다 오래되었지요—이미 나란히 확립된 다양한 진리 양식들 속에 구성되어 있어서 다른 양식들도 모두 법적 양식이라고 주장하는 말은 듣기 어렵지요. 당신이 처음에 던진 질문에 답하자면, 내 생각에는 바로 이 지점에서 철학의 의미가 변했습니다. 철학은 진리 탐구와 문제 제기라는 기획을 추구하지만 다수의 진리를 찾는다는 것도 받아들입니다. 진리는 존재하지 않을 것이라는 상대적 의미가 아니라 각 양식에는 참을 말하는 고유한 방식이 있다는 의미로 말입니다.

정치에 관심이 있다면 이러한 문제들을 연구하는 것이

기본입니다. 그 이유는 정치적 진리의 존재가 깡그리 잊혔기 때문입니다. 정치인은 경멸당합니다. 정치인은 아무 말이나 한다, 미사여구만 요란하다, 라는 비난을 듣곤 하지요. 하지만 다른 이유가 아니라 바로 그 정치를 향한 경멸 때문에 정치에서의 거짓말과 참말에 대한 연구는 심히 드물 수밖에 없습니다. 그런데 정치에도 일종의 진리가 있습니다. 정치에서 이야기된 바의 진위 여부, 말의 진정성과 비진정성은 누구나 구별할 수 있습니다. 그리고 정치적 인물은 자기가 거짓말을 하거나 하지 않을 때 그 사실을 압니다. 그 부분만 따로 끄집어내기는 여전히 매우 어렵지만 기준은 아주 명확합니다. 분명히 표명되지 못한 불만에서부터 권력기관의 명령에까지 이르는 기나긴 원환 속에서 여러분의 말은 한 단계에서 다음 단계로의 진행을 돕고 하나의 원환이 이루어지게 했습니까? 만약 여러분의 말이 이 원환이 이루어지게 하지 못했다면 여러분은 정치적으로 거짓말을 한 겁니다. 다시 말하지만 이건 과학적 거짓말이나 법적 거짓말이나 종교적 거짓말이 아니라 어디까지나 정치적 거짓말입니다. 나는 언제나 정치에 대한 존중 문제에 관심이 있었습니다. 정치를 존중할 수 있으려면 다른 양식들과는 별개로 정치적 진리 양식을 통하여 정치를 분석하고 이해해야 합니다.

나는 법, 정치, 과학 외에도 기술이라는 특별히 아름다운 양식을 연구하느라 많은 시간을 쏟았습니다. 기술적 진리는 다른 진리들과 자못 다르고 다른 식으로 문제를 야기합니다. 예를 들자면 기술적 진리는 어떤 것이 잘 구축되었는가 아닌가라는 문제를 제기하지요.

N. T._____ "이게 작동 가능한가요?"

B. L._____ "이게 작동 가능한가요? 기술적으로 좋은 건가요?" 과학이나 기술이나 그게 그거라고 생각해선 안 됩니다. 과학과 기술은 서로 다른 존재 양식이에요. 어떤 것이 기술적으로 좋다고 해서 반드시 과학적으로

적절하리라는 법은 없습니다. 이 점을 보여준 기술사학자들은 많습니다. 엔지니어들은 기꺼운 무관심으로 과학의 금기들을 가로지르지요! 과학적 진리는 자기네 문제가 아니기 때문에 그렇게 밀고 나가는 겁니다. 그들은 기술적 진리의 문제만 생각하거든요.

기술과 기술 지배의 도래 문제에 대한 어리석은 철학적 문헌이 잔뜩 쌓여 있습니다. 지속적 변화의 프로젝트에서 우리가 사용하는 기계 하나하나는 한순간, 하나의 정지된 이미지에 불과합니다. 그 프로젝트는 전혀 균질적이지 않은 일련의 자원들을 동원합니다. 가령, 기술을 법적인 것이 침범할 수 있지요! 무선통신이라든가 그 외 우리가 사용하는 어떤 기계에 관한 법과 규제를 마련하기 위해 수백 명의 법조인이 모이는 경우를 생각해보면 쉽게 이해할 수 있어요. 기술을 생각하려면 이 지속적인 동향 속에서, 다시 말해 기술적 대상의 문제라기보다 프로젝트라는 문제 안에서 해야 합니다.

마찬가지로, 이 변화의 움직임은 집합체를 가로지르고 부분적으로 구성하기도 합니다. 우리는 집합체의 성격을 이해하고자 노력하는데요. 이건 고전적 사회학이 생각했던 사회적 집합체가 아닙니다. 고전적 사회학은 모든 사회적 관계가 함께 이루어지는 어떤 상부구조 형태를 즉각 떠올리지요. 버터처럼 흐물흐물하고 공고함이라고는 없어요! 그러한 사회학에는 집합자가 결여되어 있습니다. 그래서는 사회학자들의 머리에서 떠나지 않는 이 집합체적 현상들이 어떻게 모이는지 알 수 없어요. 집합자 없는 집합체에 관심을 기울인다는 것은 쓰레기 문제에 관심이 있다면서 도로청소부 문제를 전혀 제기하지 않는 것과 마찬가지입니다! 그래서 나와 내 동료들은 바로 이 질문에 주목합니다. 이 집합자는 뭘까요?

　　사회학이 결합의 과학으로 주어질 때 비로소 상황은 형태가 잡히고 공고함을 갖추게 됩니다. 일단 집합체는 과학자들에 의해, 정치인들에 의해, 법조인들에 의해, 기술자들에 의해 집합된다는 전제에서 출발합니다. 가령 법과 기술의 결합을 연구하다보면 점점 집합체는 의미와 정합성을 띠게 되지요.

내가 철학자인지 사회학자인지 도통 알 수 없는 이유는 내가 존재 양식에 주목함으로써 사회적인 것을 이해하려 하기 때문입니다. 어쨌든 내가 실은 철학자라고 하는 이유도 다르지 않습니다. 내가 존재 양식을 사유할 수 있는 철학자가 아니라면 사회적인 것을 이해할 수 없거든요.

정치의 원환

N. T._____ 선생님 말씀에 따르면 '투사militant'는 비록 스스로 철저한 비종교인임을 표방할지라도 절대성이나 절대 진리에 대한 태도는 종교에서 차용합니다. 그는 참된 정치를 표방하고 자신을 정치적 진리의 담지자로 제시합니다. 선생님은 그래서 투사보다 '활동가activiste'의 태도를 선호한다고 했는데요. 선생님이 보기에 투사와 활동가는 무엇이 다릅니까? 그 구분을 정치적 진리의 문제와 어떻게 연결할 수 있을까요?

B. L.＿＿＿ 정치를 생각하려면 당연히 선거나 정당 문제에 급급해서는 안 됩니다. 공식적인 정치계를 다소 벗어나서 집합체의 문제로 단순하게 돌아가야 합니다. 결합의 사회학에서 집합체는 만들어내야만 하는 무엇이지요. 그리고 집합을 하려면 집합자가 있어야 합니다. 현상 자체는 집합적이지 않기 때문입니다. 나는 이미 앞에서 기술적 집합자, 종교적 집합자, 과학적 집합자 등등을 언급한 바 있습니다. 하지만 제각기 다른 입장과 생각을 지닌 다수에서 출발해 "한목소리로 말한다"고 하는—으레 쓰이는 적절한 표현으로—이것이 대단히 중요한 형태의 정치적 집합자이기도 합니다.

어떤 사람이 "제가 당신을 대변해서 말합니다"라고 하고 다른 사람이 그에게 "맞아요, 내가 직접 말했어도 당신과 똑같은 말을 했을 겁니다"라고 대꾸하는 상황에 도달하려면 아주 특별한 변신이 필요합니다. 다른 사람의 명령을 받은 사람이 "내가 명령을 내렸어도 똑같이 했을 겁니다"라고 말하는 상황도 마찬가지고요.

　이렇게 특수한 양상은 어떻게 빚어질까요? 어떻게 한 사람이 말할 때 백 명, 천 명, 만 명, 아니 천만 명이 "맞아요, 나도 정확히 그렇게 생각합니다"라고 할 수 있을까요? 그건 단순히 내가 하는 말이 타인이 하는 말과 동일하기 때문은 아닙니다. '똑같은' 말을 해서가 아니라, 여기서도 이것에서 저것으로의 순전히 점차적인 변화가 일어난 겁니다. 이러한 작용은 사람이 집단의 목소리를 대변하는 사회의 모든 곳에서 볼 수 있기 때문에 우리에게 친숙하지요. 그 사람은 통솔자일 수도 있고, 생산자일 수도 있어요. 직원들을 두고 있는 사람은 항상 정치를 하지 않을 수 없습니다. 마찬가지로 한 가정의 아버지나 어머니도 그 집합체를 구성할 사람이 달리 없기 때문에 언제나 그러한 의무를 질 수밖에 없지요. 이 의무를 감당하기는 쉽지 않아요. 집합체는 언제나 분산되게 마련이거든요. 그 이유는 사람들이 말하는 것은 결국 완전히 변하기 때문입니다. 예를 들어 당신이 고소장을 제출한다면 그로 인해 여러 가지 변화가 연속적으로 일어날 겁니다. 시정 명령이나 제안, 혹은 좀더 공식적인 틀에서의 타결 등으로 번역이 이루어질 테지요. 어떤 틀에서든지 항상 여러분이 하려는 말은 같다고 다시금 조목조목 생각하고 그것이 조목조목 완전히 바뀔 것이라고 기대해야 합니다.

내가 어떤 식으로 말하고 있고, 그러므로 내가 말하는 것이 변화의 사슬 속에서 다음 단계로 넘어갈 수 있음을 인정함으로써, 이 과정에서 그것이 완전히 달라질 수 있음을 깨달음으로써 우리는 진리와 거짓의 기준을 발견합니다. 상황을 단순화해서 그려보자면 그렇다는 거고요, 명확히 표명되지 않은 불만부터 명령 조치에 이르기까지 정치권 안에서는 '내가 말하는 것'과 '말해진 것' 사이의 구분이 유지되어야 합니다. 유사성이 아예 없으면 정치는 사라집니다. 바로 여기서 진리의 기준이 충족되지 않는 경우가 많아요. 6000만 인구의 프랑스 사회를 상상해보세요. 영 까다로운 게 아니지요. 그 사회에서 불만은 진정서가 되고, 그다음에는 타결이 되고, 결국은 명령의 형태로 돌아옵니다. 아마도 최초의 발화와 돌아온 발화는 별로 비슷하지도 않을 겁니다. 이제 6000만 프랑스인이 정치를 생산하는 능력을 잃고 이렇게 말하는 상황을 상상해보세요. "난 정치적 문제는 몰라요. 나는 내 가치관에 충실하고 내 의견을 고수합니다." 자기 의견을 고수한다는 것은 정치적 거짓말에 해당하지요. 의견은 그 정의상 필연적으로 변화되어 상황을 다르게 규정하는 다음 의견으로 넘어가야 하기 때문입니다. 의견은 그렇게 차례차례 넘어가 여러분에게로 돌아올 겁니다.

이 진리 양식은 유달리 불안정해서 언제든지 무너질 수 있어요! 기업의 수장, 가정의 아버지, 가정의 어머니, 국가원수는 이러한 지속적 변화를 배신 없이 실현할 수 없다는 것을 압니다. 그런데 이 배신은 필요한 것입니다. 당신이 언급했던 구분으로 돌아가보자면, 투사는 바로 이 배신을 이해하지 못해요. 투사는 종교적 진리 양식을 차용하는 선에서 그치지 않고 그 양식의 변동, 변화, 주석, 매개를 제거하고 완전히 세속화된 버전으로 도입합니다.

투사는 정치를 규정하는 행위들을 모조리 상실했습니다. 그와 달리, 특정 장소의 풍력발전소 문제, 또다른 곳의 이민자 문제가 규정이나 명령의 형태로 되돌아오기까지, 또한 명령이 마침내 실행되고 준수되기까지 어마어마한 작업이 필요하다는 것을 아는 사람, 나는 바로 그런 사람을 활동가라고 부릅니다. 정치의 막대한 요구, 정치의 무시무시한 점은 그 큰일을 언제나 다시 시작할 것을 요구한다는 겁니다. 이 움직임을 멈추면 모두가 다시 참새처럼 뿔뿔이 흩어질 테니까요.

N. T.＿＿＿＿ 선생님이 말하는 그 필요한 배신의 예를 들어준다면요?

B. L._____ 가장 자주 되풀이되는 근본적인 배신은 이렇게 말하는 것이지요. "내가 명령을 내렸고 그 명령을 따르게 될 겁니다." 명령을 따르기를 어떻게 바랄 수 있을까요? 당신이 내린 명령은 결국 바뀔 거예요. 아무도 명령을 따르지 않습니다. 기껏해야 우리는 말해진 것을 이해하는 자신의 방식을 따른다고 봐야겠지요. 나는 다시 상황을 대충 그려봅니다. 하지만 아랫사람들이 "나는 내 의견과 가치관이 있고 그걸 고수하고 있다고 생각합니다"라고 하면 상황이 복잡해지지요. 자기 가치관과 의견을 고수한다면 당신은 정치를 하는 게 아니고, 작전의 다음 단계를 준비하는 게 전혀 아니에요. 그게 첫번째 정치적 과오입니다. 두번째 정치적 과오는 "난 이미 명령을 내렸고 필요한 것도 다 마련했습니다. 봐요, 벌써 얼마나 많은 일을 했는지. 이미 규정들을 다 만들어놓았습니다"라고 하면서 다들 그대로 따라줄 거라 생각하는 겁니다. 이러한 과오 중 으뜸은 자기 의견을 믿고, 그것을 고수하고, 그 의견이 충실하게, 투명하

고 절대적으로 대변되기를 바라는 겁니다. 이것이 최근에 일어나고 있는 재앙이지요. 만약 당신이 정확하고 적절하게 대표되기를 요구한다면 내가 더블클릭이라고 부르는 것을 정치 영역으로 옮기는 셈이고 정치는 사라집니다.

N. T._____ 더블클릭 개념이 매우 흥미로운데요. 이 개념은 모든 컴퓨터 사용자가 이해하는 이미지를 통해 매개를 생략하고 어떤 지점을 건너뛰는 것을 가리키는 특정한 사고방식을 거의 의인화한 듯 보여줍니다.

B. L._____ 더블클릭은 일종의 근대적 사탄이지요! 더블클릭은 매개가 없어도 된다는 생각을 가리킵니다. 종교에서, 근본주의자들에게서 그러한 더블클릭을 발견할 수 있어요. 정치에서는 활동가보다 투사에 가까운 사람들에게서 볼 수 있고요. 물론 과학이라고 예외겠습니까. 장소에 상관없이 과학은 만들어진다는 생각, 하

얀 가운이 있는 한 과학은 있다는 생각이 그러한 더블클릭에 해당합니다. 현재, 부분적으로는 소셜네트워크와 디지털 때문에 모든 소통의 이상이 "나는 ~라고 생각해"에서 어떤 변화도 필요로 하지 않고 또다른 "나는 ~라고 생각해"로 넘어가는 흐름이 되어버린 것 같습니다. 정치, 과학, 종교의 더블클릭 간의 근본적인 싸움은 사실상 모든 양식을 차례로 파괴하거나 망가뜨립니다.

코로나바이러스감염증 위기 초반부터 널리 관찰할 수 있었지요. 어떤 과학자가 더블클릭에 직면했을 때 그는 거짓말을 한다는 비난을 받습니다. 왜 그럴까요? 사실의 생성 속도가 느리고 그것을 얻는 데 필요한 정보량이 막대하다면 과학자는 당연히 시간이 걸린다고, 통계자료와 도구가 필요하다고, 사실의 발견으로 다짜고짜 뛰어들 수 없다고 말할 겁니다. 현재 우리는 거짓에 대한 전반적 고발이라는 괴로운 시대를 지나고 있어요. '가짜 뉴스'는 이 시대의 징후입니다. 별안간 일부 사람이 미쳐 돌아서 이렇게 된 게 아니라 매개 개념이 사라진 게 문제입니다. 우리는 일종의 매개 붕괴를 겪고 있고, 이 전반적인 매개의 붕괴가 우리가 살기 위해 필요한 모든 양식을 거짓으로 만듭니다. 우리는 문명의 위기에 봉착해 있어요. 우리의 생존을 보장하는 모든 것이 더블클릭에 공격받는 위기 말입니다. 더블클릭 앞에서는 그 어떤 양식이든 거짓입니다. 실질적인 거짓은 자기에게 주어지는 요구들을 즉각 만족시키려 드는 정치의 거짓입니다. "당신은 투명합니까? 나의 의견, 나의 고통을 매개 없이 옮기는 게 맞아요?" 사실 선출 정치인은 이렇게 말해야만 합니다. "아뇨, 그럴 수 없습니다. 그것은 반드시 어떤 위원회로 변해야 합니다. 상황이 우리에게 돌아올 수 있기까지 거쳐야 하는 일련의 단계가 있습니다."

N. T._____ 선생님은 이렇게 썼지요. "참 기이하기도 하다. 한편으로는 일이 다 벌어지고 다 망하고 다 끝났다는 느낌이 든다. 하지만 다른 한편으로는 정말로 아

무엇도 시작되지 않았다는 느낌이 든다." 선생님은 철학, 정치, 종교를 동시에 염두에 둔 겁니까?

B. L.＿＿＿＿ 우리가 겪는 재앙은 우리가 대응할 수 없었기 때문에 이제 진정한 비극으로 변했습니다. 이 상황에 짓눌리는 기분을 인정해야 합니다. 하나의 우주론과 다른 우주론 사이에서 흔들리며 심각한 시기를 관통하는 중이라고 해놓고서 이런 말을 하면 이상하게 들리겠지만, 그래도 나는 우리가 기막히게 놀라운 시대를 살아간다고 생각해요. 다시 한번 16세기, 17세기, 18세기와 비교할 수 있겠는데요, 그때도 고대 우주론에서 근대 우주론으로 넘어가며 비슷한 동요를 겪었습니다. 그또한 굉장히 아름다운 시대였지요. 예술, 과학, 문화 전반에서 흥미진진한 일이 많이 일어났어요! 지금 우리도 비슷한 상황에 있습니다. 사물들이 우리 앞에서 범상치 않게 열립니다. 하여튼, 나는 철학자의 역할이 붕괴학자들과 격변론자들이 흘리는 헤아릴 수 없는 눈물에 한

방울 더 보태는 것이라기보다 오히려 다시금 행동 역량을 불러일으키기 위해 노력하는 것이라고 봐요.

나는 생태학이 우리가 근대인이었을 때 품었던 오만가지 믿음들, 오랫동안 생태학을 우회했던 믿음들을 통과했다고 생각해요. 근대성은 우리를 거주 불가능한 세계, 순전히 유토피아적이고 지상에서 벗어난 세계로 옮겨놓았습니다. 그 세계에서 우리는 과거의 믿음들에 해당하는 모든 것을 버리게 되었지요. 화성 여행이라는 발상은 근대성이라는 이 사안을 멋지게 은유하는데요. 지구는 재미있지 않지만 화성에 간다는 건 정말 흥미롭잖아요! 그런 유의 비상飛翔과 착륙 신화가 마침내 우스꽝스러워지고 분해되고 사라지다니 대단하지 않습니까. 완전히 솔직해지자면, 마침내 착륙하는 셈이니 얼마나 마음이 놓이는지 모르겠어요. 비록 어마어마한 충돌을 일으킬지라도요! 어쨌든 적어도 우리는 드디어 여기에 있잖아요. 우리는 이제 우리의 집에서 무슨 일이 일어나는지 이해하려고 노력할 수 있고 그러기를 원합니다. 이제 하나의 풍경, 하나의 땅, 그것도 새로운 땅이 우리 발아래, 우리 눈앞에 펼쳐집니다.

새로운 땅에 사람들 말고 무엇이 필요하겠습니까? "어느 땅에 어느 백성이 있는가?"라는 질문을 되짚어본다면 무척 흥미로울 겁니다. 이게 내가 조금 놀라운 방식으로 이른바 '민족 발생ethnogenèse의 재개'라 부르는 것인데요. 어떤 상황이든 근대성이 얼마나 연구를 불가능하게 했는지 우리는 미처 깨닫지 못하고 있습니다. 근대적이라는 것, 그래서 끊임없이 근대화 전선의 중압에 가로막히고 근대적인 것과 구식인 것을 언제나 구별해야 한다는 의무에 시달리는 것은 끔찍했어요. 언제나 모든 것을 폐쇄해야 했으니 얼마나 힘들었겠습니까. 근대성은 우리를 폐쇄했어요. 이제 그 모든 것이 쓸려가고 문제들이 새롭게 열렸습니다. 당연히 어렵고 동요하지 않을 수 없습니다만…… 그래도 마음이 놓이지 않습니까!

철학은 참 아름답지요!

N. T._____ "사회학은 무엇입니까?"라는 질문에 선생님은 "사회학은 사회적인 것이 아니라 결합에 대한 학문입니다"라고 답했지요. 하지만 일찍이 질 들뢰즈와 펠릭스 과타리가 그들의 공저에서 마지막에 답하고자 했던 질문, 바로 "철학은 무엇입니까?"라는 질문에는 어떻게 답하겠습니까? 그들의 책 첫머리에 그 질문은 아주 나중에, 노화가 찾아오고 구체적으로 말할 시간이 되어서야 비로소 던질 수 있다는 말이 나오지요. 들뢰즈와 과타리는 이렇게 썼습니다. "전에는 충분히 정

갈하지 못했다. 그때는 철학을 하고 싶다는 마음이 지나쳤다. 문체 연습이 아니고서는 철학이 무엇인지 스스로 의문을 제기하지 않았다. '아니, 그게 뭐였는데? 내가 평생 뭘 했던 거야?'라고 말할 수 있는 비-문체non-style의 경지에 도달하지 못했던 것이다." 자, 브뤼노 라투르 선생님은 평생 무엇을 했나요? 철학이란 무엇입니까?

B. L._____ 질 들뢰즈와 펠릭스 과타리의 책은 매우 중요하지요. 학문의 양식들을 정의하고자 애쓰고 허구라는 또다른 양식에 대해서도 상당한 연구 시간을 할애하는 아름다운 책입니다. 우리는 허구에서 진리의 문제를 재발견합니다. 다시 말하자면, 우리는 아주 놀라운 방식으로 허구에서도 참된 것을 발견하고 "그래요, 참입니다. 허구적으로요"라고 인정할 수 있어요. 그건 비범한 힘을 지닌 존재 양식이자 진리의 양식이지요.

N. T._____ 허구 속의 참된 것, 문학 속의 참된 그 무엇을 예를 들어 말해줄 수 있을까요?

B. L._____ 요즘 뤼시앵 드뤼방프레*에 대해서 많이들 얘기하는데요. 내가 앉아 있는 이 의자가 존재하는 것처럼 뤼시앵 드뤼방프레도 존재합니다.

N. T._____ 어떻게 발자크가 만들어낸 『잃어버린 환상』 속의 인물이 그렇게 존재할 수 있지요?

B. L._____ 이 인물은 버텨냅니다. 따라서 명백한 존재 역량을 지니고 있습니다. 들뢰즈가 탐독하고 활용했던 또다른 철학자 에티엔 수리오는 허구의 인물도 그들에게 고유한 존재 양식을 지니고 있다고 멋지게 말해주었

● 발자크의 『잃어버린 환상』에서 문학적 재능과 수려한 용모를 이용하여 상류사회에 진출하고자 하는 인물.

지요. 우리는 뤼방프레가 존재한다고 말하는 동시에 이런 질문을 던질 수 있습니다. "그는 어떤 식으로 존재하는데? 그 인물의 존재론은 어떤 것이지?" 여기서 잠시 사변철학을 해야 합니다. 철학은 존재의 문제에 강박적으로 집착했지요. 지속하는 것이 있고 실존의 흐름도 분명히 있건만 그래도 그 너머에는, 존재 안에는 불변하는 그 무엇이 있다는 겁니다. 그러한 생각은 철학에서만이 아니라 종교에서도, 그리고 명백히 과학에서도 볼 수 있습니다. 지나가고 변하고 사라지는 것을 대문자 자연의 법칙, 불변의 법칙에 결부시키잖아요. 이것은 일종의 강박관념입니다. 존재의 문제를 존재보다 더 지속 가능한 것에 어떻게든 다시 연결하려 드는 근대인들의 강박관념 말입니다.

하지만 우리의 우주론은 변했고, 이제 우리는 그저 생명체들의 세계에 존재하는 게 아닙니다. 우리는 지속되지 않기에 지속되는 것들의 세계에 있습니다. 이 모든 존재 및 진리 양식은 다른 양식들에 의해 지탱되는 특성이 있거든요. '존재로서의 존재l'être en tant qu'être'에 대항하는 이 방식, 이것을 나는 '타자로서의 존재l'être en tant qu'autre'라고 일컫습니다. 어떤 존재가 계속 존재하기 위해서는 매 순간 다른 무엇을 거쳐야 하지요. 내가 여기 와서 당신과 얘기를 나누기 위해 그전에 아침부터 먹어야 했던 것처럼, 아주 평범한 방식으로 그렇습니다. 나는 삶의 끝까지 나를 지속하기 위해 계속해서 타자를 집어삼킵니다. 이러한 성질을 지니지 않은 존재는 하나도 없습니다. 존재들은 다른 존재들을 거치지 않는 한 결코 시간 속에서 지속할 수 없어요. 지속하는 것을 바탕으로 철학과 세계에 대한 이해를 정초한다는 발상은 전혀 의미가 없습니다. 지속하는 모든 것은 지속하지 않는 것에 의해 그렇게 되는 겁니다.

이 사변적 괄호를 닫고 존재 양식의 문제로 돌아가기 위해 그때그때 사용된 타자성의 유형을 파악하는 것은 아주 흥미로운 일입니다. 허구의 경우, 그러니까 발자크는 뤼시앵 드뤼방프레라는 인물을 만들 때 이 인물이 지속하는가를 끊임없이 고민합니다. 이 발명된 존재는 그저 엄청난 양의 원고로 유지될 뿐입니다. 하지만 발자크는 그렇게 휘갈겨 써내려간 글로—다량의 커피, 갈비 몇 대, 일흔다섯 개의 굴을 먹어치우고 나서—우리가 그의 책을 읽는 동안 붙잡고 있으면 스스로 지탱되는 인물을 만들었습니다. 우리가 더이상 발자크를 읽지 않는다면 뤼방프레는 당연히 사라지지요. 이때 우리는 휘갈겨 쓴 글로 만들어진 아주 특수하고 특정한 존재를 대하는 셈입니다. 이 존재는 책을 읽는 동안 당신을 사로잡는 특별한 힘으로 유지됩니다. 그렇지만 이 존재는 또한 전적으로 그를 어깨 위에 짊어진 사람들에게 달려 있어요. "갈리아 사람들은 그들의 방패 위에 서 있었다"고 한 것처럼요. 수리오의 이 은유는 정말 아름다워요! 이 말인즉슨, 당신이 뤼시앵 드뤼방프레를 더는 붙잡지 않는다면, 혹은 학교에서 더이상 이 인물에 대해 가르치지 않는다면 이 존재는 사라집니다.

이것은 여전히 구성주의의 문제이고, 이 문제 속에서 존재들은 그네들의 생산방식에 전적으로 의존하지만, 그래도 참다운 존재들입니다. 각각의 존재는 구성된 것에 대해서, 잘 구성된 것에 대해서, 무엇이 작동하고 작동하지 않는지에 대해서 다른 정의를 제공하지요. 우리는 영화나 연극을 볼 때마다 줄거리와 인물들이 제대로 성립되는지 아닌지 평가합니다. 그게 안 되는 작품은 실패한 거예요. 당신이 소비하거나 이용한 모든 것이 전혀 쓸모없어지는 거죠! 영화를 만들거나 글을 쓰거나 책을 편집하는 사람들도 동일한 질문들을 던집니다. 허구는 뤼시앵 드뤼방프레가 어떤 특정 장소에서 태어났는지 아느냐 아니냐에 기대지 않고 그건 더이상 의미가 없기 때문에, 그런 질문들은 특수합니다. 허구에 고유한 이 정의 방식은 매번 타자성을 새롭게 이해하게 해줍니다. 이것은 아주 비범한 힘을 지닌 진리의 원칙입니다. 과학적으로 정당하지 않지만, 그건 단지 '과학적으로 정당함'이 여러 가지 진리 생산 양식 중 하나일 뿐이기 때문입니다. 허구, 정치, 종교, 기술은 저마다 고유한 양식으로 진리를 생산하고 그 방식들과 나란히 과학의 방식이 있는 겁니다.

당신의 종합적인 질문 "철학은 무엇입니까?"로 돌아갑시다. 내가 이력을 마무리할 때가 된 노인으로서 그 질문에 답해야 한다면, 혹은 당신이 말했던 멋진 인용문에 기반해, 철학은 메타언어가 아니라고 말하겠습니다. 그것은 존재로서의 존재를 정의하는 것이 아닙니다. 철학은 토대를, 나머지 모든 것을 떠받치는 기저를, 모든 사물을 구성하는 그것을 정의해주지 않습니다. 철학은 겸손한 실행이요, 더욱이 그 또한 글쓰기에 의존합니다. 하지만 철학은 없어서는 안 될 것입니다. 철학은 대학 졸업반 첫 수업 때부터 나를 사로잡았어요. 내가 "나는 철학자입니다"라고 한 것은, 철학 없이 산다는 게 참을 수 없이 느껴졌기 때문입니다. 철학은 존재 양식들의 다양성을 나란하니 유지할 수 있는 방법을—나는 경험철학자이므로 실제 작업 가능한 방식으로—찾습니다. 철학은 그 양식들 사이에서, 그 양식들이 서로 잡아먹으려 드는 그 장소에서, 내가 범주 오류라고 부르는 것을 통해 방향을 잡게 해줍니다. 그러한 범주 오류는 셀 수 없이 많습니다. 범주 오류의 관찰과 연구는 아주 재미있습니다. "나는 친절하고 하얀 가운을 입었으니 내가 하는 말은 모두 과학적입니다"라고 말하는 과학자가 그 일례입니다. 그는 실험실도 없고, 동료도 없고, 그들의 이름으로 말할 수 있게 해주는 어떤 교묘한 장치도 없는데 자신을 과학과 과학적 진리의 대변인으로 소개함으로써 범주 오류를 저지른 겁니다.

철학은 나에게 그런 겁니다. 우선, 철학은 필연적으로 집합적입니다. 다양한 양식들이 어떻게 유지될 수 있는지 파악하는 것이요, 그것들이 서로 잡아먹으려 들지 않고 상호 존중에 이르게 하는 것이지요. 이것은 정치, 종교, 과학 사이의 관계에 필수적입니다. 그 양식들이 피차

다른 양식을 침범하지 않도록 구별 기준을 마련하지 않고는 계속해나갈 수가 없어요. 철학은 다양한 양식이 서로 파괴하는 것을 피하게 해주기 때문에 우리가 통과하는 순간 속에서 매우 중요하고 필수적입니다. 이 구별 기준은 반드시 경험적으로 연구해야 합니다. 철학의 역할은 판단하는 것이 아니라 범주 오류를 잡아내는 섬세한 과정을 유지하는 것이지요. 그렇게 범주 오류를 잡아내면 "지금 하는 말이 정치적으로 참입니까?"라고 지적할 수도 있고, "정치에 무슨 진리가 있어요, 이기는 게 중요하지. 나는 이길 수만 있으면 뭐든지 합니다"라고 말하는 사람에게 "아뇨, 존중해야만 하는 정치적 진리는 있습니다"라고 응수할 수도 있습니다. 과학자들이 과학자로서 어디든지 갈 수 있노라고 말하기 시작할 때, 철학은 과학에서도 같은 역할을 합니다.

이것은 칸트의 3대 비판과도 관계가 없지 않습니다. 하지만 칸트는 자신을 평화의 심판관으로 세웠다는 차이점이 있지요. 다시 말해, 칸트는 이 사안의 해결책을 찾고자 했습니다. 나는 그러한 태도가 오늘날에는 불가능하다고 생각합니다. 철학은 그런 게 아니에요. 철학은 필연적으로 암중모색입니다. 다양한 양식을 그때그때 붙잡고 보존할 수 있게 하는 경험적이고 집합적인 장치를 찾아야 합니다. 이것이 아마도 나의 기여, 어쨌든 내가 죽어라 매달리는 것입니다!

N. T._____ 그렇다면 철학은 사원 혹은 사원들의 수호자가 아니라 존재 양식의 복수성 수호자라고 말할 수 있을까요?

B. L._____ 네, 그렇습니다. 하이데거는 철학이 "존재의 양치기"라고 했지요. 철학은 과연 양치기 같은 면이 있기 때문에 그 표현을 가져다가 다시 쓸 수도 있습니다만 의미는 완전히 달라집니다. 무리를 이끈다는 의미가 아니라 늑대와 양 사이에서, 혹은 서로 다른 양들

끼리 살육을 벌이지 않도록 애쓴다는 의미예요. 세계가 과연 무엇인지 말하게 해주는 메타언어의 역할보다는 훨씬 소박한 역할입니다. 하지만 철학이 언제나 범주 오류에 주의를 기울이고 다른 양식들이 서로 잡아먹으려는 경향에 주의를 기울일 것을 요구한다는 점에서 이건 결코 간과할 수 없는 역할이지요. 철학은 까다로운 실천입니다. 그러니까 철학을 존재 양식들의 체계 안에 놓인 하나의 고유한 존재 양식으로서 고려하는 것도 잊으면 안 됩니다.

대철학자 윌리엄 제임스가 잘 말해주었듯이 "철학은 전치사를 존중하는 것"입니다. 또한 부사를 존중하고 이해하는 것이기도 하고요. '과학적으로'는 무슨 뜻입니까? '법적으로'는 무엇을 뜻하는 걸까요? '정치적으로' '종교적으로'는 또 무슨 뜻인가요? 과학적으로 말하기를 원한다면 증명을 할 수 있어야 합니다. 허구적으로 말하면서 그것이 지탱되기를 바란다면 그 또한 증명할 수 있어야 합니다. "기술적으로 얘기합시다"라고 했으면 작동이 되어야 하고요. 마지막으로, "법적으로 말하기"를 표방하려면 찾는 데 모종의 시간이 필요한 매우 특정한 법적 연결고리가 실제로 지탱될 수 있어야 합니다.

N. T._____ "존재의 양치기"라는 표현을 그런 식으로 이해하니까 대단히 아름다운 철학의 정의 같네요.

B. L._____ 하이데거의 원래 의미와는 완전 딴판이지요.

N. T._____ 철학은 존재의 양치기이지만 양떼를 좋은 곳으로 이끌고 가는 길잡이는 절대로 아니다!

B. L._____ 철학은 참 아름답지요!

N. T._____ 선생님에게 철학이 그렇게나 아름다운 이

유는요?

B. L._____ 눈물을 철철 흘리면서라면 모를까, 그 물음에는 대답을 못하겠네요. 철학자들은 알지요, 철학은 전체성에 관심을 두지만 결코 거기에 도달하지 못하는 참으로 놀라운 형식이라는 것을. 목표는 전체성에 도달하는 것이 아니라 사랑하는 것이지요. 사랑은 철학의 말입니다.

N. T._____ 지혜에 대한 사랑 말이지요.

B. L._____ 틀림없이 다다르지 못할 지혜를 사랑하는 것…… 결국 그 질문에 대한 대답은 찬스 카드를 써야겠네요!

릴로에게 보내는 편지

N. T._____ 브뤼노 라투르, 마흔 살이 되어 이 책을 읽을 어떤 사람, 어떤 시민, 어떤 지구인에게 무슨 말을 해주겠습니까? 선생님에게는 손자가 셋 있는데, 그중에는 한 살밖에 안 된 릴로라는 손자도 있지요? 릴로에게 어떤 말을 해주고 싶나요?

B. L._____ 40년이라는 시간에 대해 무슨 말을 해줄 수 있을까요? 나는 점성술사가 아닙니다! 일단 릴로에게 그 아이를 기다리는 처음 20년은 아주 힘겨우리라 생

각한다고 말하고 싶네요. 그 시간을 위해 대비를 하는 게 정말 필요할 거예요. 나는 그애가 지구화학이나 생태학을 공부하기를 바라지만요. 잘 모르겠네요.

과거의 삶의 조건들이 변했음에도 우리가 믿을 수 없이 느리게 반응한다는 점을 고려할 때, 그게 부분적으로는 이전 세대들과 특히 우리 세대의 잘못 때문이지만, 거주 가능성의 생산이 신속하게 이루어지지 않을 것은 뻔합니다. 릴로의 세대는 그 이전에 행동하지 않았던 시간들의 결과로 직격타를 맞겠지요. 결과적으로 자연과학이 예고했던 재앙이 그 아이를 덮칠 겁니다. 그래서 릴로에게 해주고 싶은 첫번째 충고는 당연히 이겁니다. "20년간 환경불안을 견딜 수 있도록 가능한 모든 치료법을 찾는 데 신경쓰려무나!" 우리의 자식과 손자 들에게 절망을 떨쳐낼 수 있는 치료 수단을 마련해주어야만 할 겁니다.

당신은 정말로 어려운 사고 연습을 요청한 거예요! 그

러니 나도 그냥 근거 없는 가설을 세워보려 합니다. 40년 후를 내다보는 게 더 나을 거예요. 세대들이 이어지는 것을 보건대 아마도 처음 20년보다는 그다음 20년이 더 나을 듯해서 하는 말입니다. 그때쯤이면 우리도 마침내 우리가 있는 곳을 파악했을 겁니다. 다시 말해, 우리는 비로소 착륙했을 거예요. 이전 20년 동안의 막대한 변화와 재앙, 그리고 우리가 오늘날 이미 겪고 있는 변화와 재앙이 마침내 분해되고 소화될 수 있을 겁니다. 우리는 결국 우리를 거기서 벗어나게 해줄 정치제도, 법적 정의, 예술, 과학, 그리고 아마 변화된 경제 상황을 찾게 될 겁니다.

세상의 종말을 알리는 것은 할아버지의 역할도, 철학자의 역할도 아닙니다. 한 20년간은 힘들겠지만 그다음 20년에는 지금 우리 시대에 유예된 문명화 과정을 재개할 방법을 찾게 될 거라 나는 생각합니다. 내가 40년 후에 릴로를 만나기로 한다면, 내가 근대의 괄호라고 부르는 기간 내내 우리가 처한 생태학적 상황에 대한 부인, 무지,

몰이해의 역사가 펼쳐졌음을 함께 보게 되겠지요. 우리는 그 시대가 이상하다고 생각할 겁니다. 마치 지금 사람들이 13세기 교황주의 로마가톨릭을 보면 되게 이상하다고 생각하는 것처럼. 기묘한 종류의 형식이지만 당시에 대단히 중요했고, 그 시대에 아름답고 대단한 것을 만들어냈지만 이제 완전히 끝난 것이기도 하지요. 이게 바로 내가 릴로에게 바라는 최선입니다.

감사의 글

이 대담은 베로니카 칼보, 브뤼노 카르상티와 함께 진행했던 사전 대담에 큰 도움을 받았다. 브뤼노 라투르의 측근이자 그의 저작에 익숙한 두 사람은 이 대담집 작업을 편집본이 나올 때까지 줄곧 함께 해주었다. 로즈 비달은 대담을 다시 쓰고 재구성하는 작업으로 이 텍스트가 대화의 구어적 성격을 간직하면서도 문학성의 요구를 지탱해야 한다는 영원한 고민에 부응했다. 이 텍스트의 일부 발췌문은 2022년 10월 11일자 〈르 몽드〉에 발표된 바 있다. 마지막으로, 샹탈 라투르는 이 프로젝트를 처음부터 지지하면서 이 대화가 최상의 조건에서 이루어질 수 있도록 신뢰, 한결같은 태도, 한없는 호의를 보여주었다. 그들 모두에게 진심으로 감사하고, 그들을 통해 이 프로젝트를 실현할 수 있게 해준 모든 이에게 감사한다.

모든 것을 전부 다시 해야 한다

: 브뤼노 라투르, 그리고 비판이론의 지도 다시 그리기

배세진(정치철학자)

"참 기이하기도 하다. 한편으로는 일이 다 벌어지고 다 망하고 다 끝났다는 느낌이 든다. 하지만 다른 한편으로는 정말로 아무것도 시작되지 않았다는 느낌이 든다."(160~161쪽)   —브뤼노 라투르

브뤼노 라투르를 맥락화하기

이 책은 브뤼노 라투르가 생의 말년에, 그러니까 자신의 지적 여정이 거의 종료되는 시점에 지금까지의 작업 전체를 대상으로 니콜라 트뤼옹과 행한 대담과 대담자인 트뤼옹이 쓴 서문을 모은 대담집 『Habiter La Terre』(2022년 출간)를 번역한 것이다. 이 대담 자체는 2021년

에 진행된 것으로, 카미유 드슈네와 니콜라 트뤼옹이 감독한 〈브뤼노 라투르와의 대담Entretiens avec Bruno Latour〉이라는 제목의 영상으로 프랑스에서 같은 해에 이미 반영된바 있다. 라투르가 2022년 사망했으므로, 대담은 2021년에 이루어졌지만 이 책은 라투르의 타계와 같은 해에 출간되었다는 점에서 라투르 사상 전체를 라투르 자신이 결산한다는 각별한 의미를 지닌다. 하지만 이 대담집은 라투르 사상의 입문서라는 의미 또한 지니고 있는데, 이미국내에도 번역된 바 있는 좋은 라투르 입문서만큼이나, 아니 그 이상으로 라투르 사상 전체를 정확히 요약해 전달해주기 때문이다.[*] 라투르의 타자가 아니라 라투르 자신이 직접 쓴 입문서이니 이는 당연하다 할 수 있겠다. 게다가 라투르 사상 전체가 집약된 본문을 대담자인 트뤼옹이 한번 더 요약해 전달해주는 훌륭한 서문으로 시작하

• 『처음 읽는 브뤼노 라투르: 하이브리드 세계의 하이브리드 사상』, 아네르스 블록, 토르벤 엘고르 옌센 지음, 황장진 옮김, 사월의책, 2017 참조.

고 있어, 감수자이자 해제자로서 필자는 이 책이 한국 독자들이 라투르 사상에 입문하기에 그 어떤 책보다도 좋은 책이 될 것이라 확신한다. 본서의 번역과 출간은 한국에 라투르 사상을 더욱 널리 알리는 데, 그리고 한국판 라투르의 '해상도'를 높이는 데 크게 기여할 것이다.

그런데 이 점을 글의 서두에서 길게 설명하는 이유는, 이 책이 이런 유의 책이 아니었다면 필자는 해제를 써달라는 청탁을 대번에 거절했을 것이기 때문이다. 왜냐하면 해제를 쓰기에 필자보다 더 적절한, 라투르 사상에 정통한 연구자들이 훨씬 많기 때문이다. 대표적으로, 최근 컴북스이론총서로 탁월한 라투르 입문서인 『브뤼노 라투르』를 쓴 김환석 연구자를 꼽을 수 있을 것이다.[•] 필자가 다른 라투르 전문가들에 비해 그의 사상에 대한 이해가 일천함에도 해제 청탁을 수락한 이유는 이 책이 이미 서

• 『브뤼노 라투르』, 김환석 지음, 커뮤니케이션북스, 2024 참조.

문과 본문을 통해, 심지어 본문에서는 라투르 자신의 입을 통해 그의 사상 전체를 정확히 요약해 전달해주고 있기에 라투르 사상을 정확하면서도 평이하게 서술하는 데 대한 부담이 덜하기 때문이다.

　물론 이는 해제 청탁을 수락한 소극적 이유에 불과하다. 필자가 이 글을 쓰게 된 적극적 이유 또한 사실 존재하는데, 필자는 1989~1991년 현실사회주의의 붕괴 이후 한국 지성계에서 강력하고 광범위하게 유행했던 포스트-구조주의, 일명 '포스트모더니즘' 또는 경멸적 표현으로 '불란서제 담론'이라 불리는 바를 중심으로 넓은 의미의 비판이론을 전공했다. 여기에서 '넓은 의미의'라는 수식어를 굳이 추가한 이유는 좁은 의미의 비판이론은 독일 프랑크푸르트학파 안팎의 사상가들인 발터 베냐민, 테오도어 아도르노, 막스 호르크하이머, 위르겐 하버마스 등에 의해 20세기에 형성된 비판적 사유를 가리키기 때문이다. 필자는 프랑스의 포스트-구조주의를 중심으로 미국과 독일 등을 포함하는 여러 국가의 비판이론, 즉 '좌파적 사유'라 부를 수 있는 바를 전공했다. 관심이 있다면 필자의 해제인 「이론의 진실: 혹은 '애도의 애도의 애도'를 위하여」가 수록된 『사상의 좌반구: 비판이론의 지도 그리기』를 참고해 이 넓은 의미의 비판이론 또는 좌파적 사유가 무엇인지 파악할 수 있는데, 그러니까 필자는 이 책에 등장하는 비판이론들을 중심으로 오늘날의 좌파적 사유를 재구성하기 위해 오랫동안 연구를 해온 것이다.•

이것이 왜 해제 청탁 수락의 적극적 이유가 되는 것일까? 라투르의 사상은 이러한 '사상의 좌반구'에서 조금은 비껴나 있기 때문이다. 코로나19 사태 이후 라투르의 그것을 포함해 비판적 인문사회과학이든 '비-비판적' 인문사회과학이든 현재 인문사회과학계에서 강력하고 광범위

• 『사상의 좌반구: 비판이론의 지도 그리기』, 라즈미그 쾨셰양 지음, 이은정 옮김, 배세진 감수와 해제, 현실문화, 2020 참조.

하게 유행하고 있는 사상들은 이 사상의 좌반구 또는 좌파적 사유를 비판하고 이로부터 빠져나오려는 시도이기 때문이다. 일본에서는 이를 포스트-구조주의 이후에 등장한 사유라 하여 '포스트-포스트-구조주의'라고 부르는데, 필자는 이 글에서 이를 자의적으로 '새로운 흐름'이라 부르고자 한다. 필자가 이러한 명칭을 활용하는 이유는 이 흐름이 포스트-구조주의를 포함한 좌파적 사유를 비판하고 이로부터 빠져나오려 시도한다는 점을 강조하고, 긍정적으로 평가하든 부정적으로 평가하든 그 단절의 성격을 확언하기 위해서다. 즉, '이후'와 '탈' 모두를 뜻하는 '포스트post-'라는 어휘의 사정거리만으로는 이를 수행할 수 없다고 판단했기 때문이다. 그런데 이 새로운 흐름은 도나 해러웨이의 지적 여정을 톺아보면 알 수 있듯 사실 20세기 중후반부터, 그러니까 포스트-구조주의를 중심으로 하는 좌파적 사유와 동시대적으로 꾸준히 형성되어왔다. 그것이 좌파적 사유에 가려져 대부분 주목받지 못하다가, 특히 코로나19 사태로 대표되는 생태 위기가 가속화되면서 인문사회과학 무대의 전면에 올라서게 된 것이다.

필자가 자의적으로 구성한 목록일 뿐이지만 이 새로운 흐름을 구성하는 사유들을 나열해보면 다음과 같다. 이 목록이 완전한 것도, 이론의 여지 없이 정확한 것도 아니라는 점을 반드시 기억한다면, 이 글에서의 우리 논의를 위해 어느 정도는 유용성을 가질 수 있으리라 판단한다. 신유물론, 객체지향존재론, 사변적 실재론, 인류학 내에서의 존재론적 전회, 정동이론, 포스트휴머니즘, 그리고 마지막으로 브뤼노 라투르의 사상. 여기에서 라투르의 그것은 과학인류학으로도, 과학철학으로도, 사회학으로도, 정치철학으로도, ANT(행위자-연결망 이론)라는 방법론으로도 환원되지 않으니 이를 애매하게도 '사상'이라 불러야 한다는 점이 중요하다.

그런데 필자가 전공한 비판이론, 그러니까 사상의 좌반구 또는 좌파적 사유는 이러한 새로운 흐름과 꼭 경쟁하는 것은 아니라 해도 서로 변별되는 것이 사실이며, 세계의 변혁을 꿈꾸고 사유하는 학계 내 학자들뿐만 아니라 교양대중 또한 양자택일처럼 보이는 이 두 가지 선택지 사이에서 망설이고 있는 것이 오늘날의 상황이다. 그리고 이런 상황에서, 필자가 새로운 흐름이 아닌 비판이론을 전공했기에 오히려 이 새로운 흐름, 그중에서도 특히 라투르의 사상을 비판적 사유의 역사 내에서 맥락화할 수 있는 이점을 가지고 있지 않을까? 이렇게 생각했기에 필자는 라투르 사상의 전문가가 아님에도 해제 청탁을 수락한 것이다. 라투르가 타계하고 그의 사상이 전 세계에서 막강한 영향력을 행사하는 지금이야말로, 앞으로 그의 사상이 더욱 생산적으로 활용될 수 있도록 늦기 전에 여기에 인류학의 방식으로 '타자의 빛'을 비춤으로써 이를 맥락화할 필요가 있을 것이다.

'지적 사기꾼'으로서 브뤼노 라투르?

새로운 흐름의 연구자는 아니지만, 그럼에도 필자가 한국에서 라투르 사상의 보급과 발전을 위해 할 수 있는 역할이 분명 있을 거라 생각한다. 그리고 이는 사실 라투르 스스로가, 그의 표현을 가져오자면 '혼종적' 사상가이기 때문에 그렇다. 물론 따지고 보면 새로운 흐름 전체가 그런 혼종적 성격을 가지고 있지만 이에 대한 자세한 논의는 생략하자. 다만 저 단절적인 새로운 흐름조차 이전의 논의, 선배들의 논의로부터, 그러니까 자크 데리다 식으로 말해 '전통'과 '유산'으로부터 모든 것을 가져왔다는 점만은 반드시 강조하자.

저 유명한 '과학 전쟁'에서부터 이야기를 시작해보자면, 물리학자인 앨런 소칼과 장 브리크몽은 이른바 '포스트모더니즘'의 자연과학에 대한 착취를, 더 나아가 포스트모더니즘이 얼마나 엉터리 사상인지를 합리주의의 견지에서 폭로하기 위해 패러디 논문을 써서 학술지 『소셜 텍스트』에 게재한 뒤 그 논문이 엉터리였다는 점을 밝힌다. 이것이 이른바 '소칼의 장난질'이라 불리는 사건인데, 폭로 이후 소칼과 브리크몽은 이 패러디 논문을 부록으로 실은 『지적 사기: 포스트모던 사상가들은 과학을 어떻게 남용했는가』라는 책을 출판한다.• 그런데 소칼과 브리크몽이 비판하는 포스트모던 사상가들의 목록을 살펴보면, 놀랍게도 거기에 라투르가 속해 있음을 알 수 있다. 이제 막 라투르 사상을 접한 독자들은 이 점을 조금 의아해할 수도 있을 것이다. 오히려 라투르는 포스트모더니즘 이후, 그러니까 필자의 표현대로 말하자면 새로운 흐름에 속하는 사상가 아닌가? 그런데 우리는 바로 이 지점에 주목함으로써 라투르를 맥락화할 수 있을 텐데, 여기에서 간과할 수 있듯 라투르의 사상 자체가 어떠한 혼종성을

• 『지적 사기: 포스트모던 사상가들은 과학을 어떻게 남용했는가』, 앨런 소칼, 장 브리크몽 지음, 이희재 옮김, 한국경제신문, 2014 참조.

지니고 있다.

이 혼종성의 문제를 다루기 위해서는, 불필요하다고 생각할 수도 있지만 포스트-구조주의와 포스트모더니즘을 구분해야 한다. 앞 절에서는 포스트-구조주의와 포스트모더니즘을 혼용해서 썼지만 라투르를 맥락화하기 위해서는 이 둘을 구분해야 한다. 필자는 여기에서 필자가 번역한 에티엔 발리바르의 『개념의 정념들: 인식론, 신학, 정치학(에크리 II)』에서의 정리를 가져올 것인데, 이는 발리바르가 최후의 프랑스 포스트-구조주의자로서 역사적 구조주의와 포스트-구조주의의 유산을 정리하는 역할을 맡은 인물이기 때문이다.• 발리바르에 따르면 구조주의는 '구조에 의해 구성되는 주체'를 사유하고, 포스트-구조주의는 이렇듯 구조에 의해 구성되는 주체가 취하는 주체성

• 『개념의 정념들: 인식론, 신학, 정치학(에크리 II)』, 에티엔 발리바르 지음, 배세진 옮김, 후마니타스, 2025(근간).

의 현전 불가능한 한계와 그 너머를 윤리-정치적으로 사유한다. 이를 발리바르의 제자 사토 요시유키 식으로 말하자면, 그가 『권력과 저항』에서 정식화하듯 포스트-구조주의는 주체를 생산한 구조 즉 '권력'에 이 주체가 어떻게 '저항'하는지를, 그러니까 주체의 권력에 대한 '저항전략'을 이론 내적으로 사유한다.•

반면 필자의 정리에 따르면 포스트모더니즘은 프랑스의 구조주의적이고 포스트-구조주의적인 사유가 미국으로 건너가 변용된 결과물로서, 그 핵심은 진리에 대한 상대주의와 구성주의다. 그리고 이 구성주의는 크게 언어에 의한 구성주의와 사회에 의한 구성주의로 구분된다. 물론 여기에서 필자가 상당히 도식적으로, 게다가 불충분한 방식으로 이 사상들을 정의하고 있다는 점을 인지해야 하는

• 『권력과 저항: 푸코, 들뢰즈, 데리다, 알튀세르』, 사토 요시유키 지음, 김상운 옮김, 난장, 2012 참조.

데, 이를 정교하게 수행하는 것이 이 해제의 핵심은 아니기 때문이다. 예를 들면 '포스트-구조주의'라는 이름표 자체는 오히려 미국에서 만들어진 뒤 프랑스로 역수입된 것으로, 사실 구조주의, 포스트-구조주의, 포스트모더니즘이라는 사상들의 여행의 역사는 훨씬 더 복잡하다. 이와 관련해서는 『루이비통이 된 푸코? 위기의 미국 대학, 프랑스 이론을 발명하다』에서의 지성사가 프랑수아 퀴세의 작업을 반드시 참고해야 하는데, 필자는 라투르 사상의 맥락화를 위해서도 퀴세의 책이 필수적인 문헌이라 생각하기 때문이다.•

자세한 논의는 힘드나 다만 여기에서 독자들이 기억해야 할 점은 포스트모더니즘이 포스트-구조주의와는 변별

• 『루이비통이 된 푸코? 위기의 미국 대학, 프랑스 이론을 발명하다』, 프랑수아 퀴세 지음, 문강형준, 박소영, 유충현 옮김, 난장, 2012 참조. 지성사보다는 이론 내적 맥락에서 이 복잡함을 분석하는 시도로는 『애도의 애도를 위하여: 비판 없는 시대의 철학』, 진태원 지음, 그린비, 2019의 1부 '포스트 담론 이후' 참조.

적인 사유라는 점, 그리고 포스트모더니즘의 핵심은 진리에 대한 상대주의적이고 구성주의적인 태도라는 점이다. 그렇다면 포스트-구조주의는 진리에 대한 상대주의적이고 구성주의적인 태도를 취하지 않는다는 것일까? 포스트모더니즘, 더 나아가 오늘날 미국에서 가장 뜨거운 화두인 '워키즘wokism', 오늘날 프랑스에서 가장 뜨거운 화두인 '이슬람-좌파islamo-gauchisme'의 문제에서 핵심이 되는 것은 다름 아닌 바로 진리다. 이 점을 여기에서 논증하는 대신 미치코 가쿠타니의 『진실 따위는 중요하지 않다』와 이 책에 대한 정희진 연구자의 해제인 「포스트트루스 시대의 인간의 조건」을 통해 우리가 이를 분명히 확인할 수 있다는 점만 지적하고 넘어가도록 하자.•

이에 따라 진리를 중심으로 포스트모더니즘과 포스트-

• 『진실 따위는 중요하지 않다: 거짓과 혐오는 어떻게 일상이 되었나』, 미치코 가쿠타니 지음, 김영선 옮김, 정희진 해제, 돌베개, 2019 참조.

구조주의를 구분해보자면, 포스트모더니즘이 진리에 대한 상대주의적이고 구성주의적인 태도 속에서 진리를 파면하고 이를 우화fable로 대체한다면, 포스트-구조주의는 '담론주의적' 태도 속에서 진리는 생산되는 것이라 사유한다. 여기에서 필자가 포스트-구조주의를 규정하기 위해 고안한 관념인 담론주의란 담론 바깥의 진리란 없다는 것, 진리는 담론에 의해 생산되는 것이라는 관념을 강조하는 사유를 지시한다.• 이것이 포스트-구조주의의 공통된 진리관인데, 그래서 미셸 푸코에게는 시기에 따라 다르지만 어떤 때는 에피스테메가, 어떤 때는 언표와 담론이, 어떤 때는 지식-권력이 이 담론주의에서 담론의 자리를 차지하고, 루이 알튀세르에게는 이데올로기가, 주디스 버틀러에게는 젠더 규범 또는 '프레임'이 담론의 자리를 차지한다. 이 모두를 종합하면 넓은 의미의 포스트-

---

• 담론주의에 관한 더 자세한 설명은 『금붕어의 철학: 알튀세르, 푸코, 버틀러와 함께 어항에서 빠져나오기』, 배세진 지음, 출판공동체편않, 2025(근간) 참조.

구조주의는, 피에르 마슈레를 따라 정식화해본다면 공통적으로 '규범권력'을 이 담론주의에서 담론의 자리에 위치시킨다고 간주할 수 있다.•

 그렇다면 이 둘 간에 도대체 무슨 차이가 있는 것일까? 진리를 파면하고 이를 우화로 대체하는 것과 진리는 생산된다고 사유하는 것 사이의 거리는 우리가 생각하는 것보다 훨씬 넓다. 여기에서는 포스트–구조주의의 이러한 진리관의 바탕에 영미의 인식론인 '인식이론theory of knowledge'과 변별되는 프랑스의 독특한 인식론인 '역사인식론épistémologie historique'의 역사가 놓여 있으며, 그 주인공으로 조르주 캉길렘, 미셸 세르, 루이 알튀세르, 에티엔 발리바르, 알랭 바디우, 자크 데리다 등 굵직한 현대 프랑스 철학자들이 있다는 점만 언급하겠다. 그리고 지금 우

• 마슈레 관념의 핵심은 「대담: 미셸 푸코와 이데올로기에 대한 비판들」, 피에르 마슈레, 오라치오 이레라 지음, 황재민 옮김, 『문화과학』 2019년 봄호(통권 제97호) 참조.

리는 진리만 논하고 있지만 사실 이 진리라는 개념과 쌍을 이루는 개념으로 보편이라는 개념 또한 놓여 있다는 점을 언급만 하겠다.[*]

　그러니까 '소칼의 장난질'은 첫째, 포스트모더니즘과 포스트-구조주의 각각의 핵심을 이해하지 못해 이 둘을 전혀 구분하지 않았다는 점에서 문제적이다. 둘째, 이것이 우리 논의를 위해서 중요한데, '지적 사기'를 저지르는 저 '포스트모더니스트들' 간에도 입장 차이가 존재한다는 점을 전혀 고려하지 않았다는 점에서 문제적이다. 라투르를 맥락화하기 위해서는 바로 이 점에 주목해야 하는데, 라투르는 분명 현대 프랑스 철학의, 조금 더 구체적으로는 프랑스 역사인식론의 후예다. 하지만 라투르는 그 가운데서도 아주 이단적이며 자신을 배태한 전통으로부터

---

[*] 이 점에 관한 조금 더 자세한 설명은 「보편을 다시 무대에 올리며, 보편의 상 아래에서 말하기: '탈진실' 시대 진리 개념의 포스트-구조주의적 재구성을 위한 정치철학적 시론」, 배세진 지음, 『신학과 학문』 2024년 4월(제26권 제1호 통권 40집) 참조.

빠져나온 인물이라 평가할 수 있다. 조금 도식적으로 표현하자면, 프랑스의 포스트-구조주의가 있고 미국의 포스트모더니즘이 있는데, 노파심에서 지적하자면 이는 이 둘 간에 '진품'과 '가품'이라는 차이가 있다는 의미가 전혀 아니다.• 중요한 것은 두 사상이 서로 밀접한 관계를 맺고 있으면서도 동시에 서로 명확히 구분된다는 것이고, 그 핵심은 앞서 지적한 바와 같다. 그런데 라투르는, 이렇게 표현해보자면, 이 둘 '사이'에 있는 인물이다. 프랑스의 포스트-구조주의, 더 넓게는 현대 프랑스 철학의 전통으로부터도 '빠져나온' 인물이고, 그렇다고 소칼과 브리크몽이 힐난하듯 미국의 포스트모더니즘으로 '귀화'한 인물도 전혀 아니다.

사람들은 1979년의 『실험실 생활』에서부터 시작해 라

• 이 점에 관한 조금 더 상세한 논의는 앞서 언급한 『애도의 애도를 위하여: 비판 없는 시대의 철학』, 진태원 지음, 그린비, 2019의 1부 '포스트 담론 이후' 참조.

투르가 자신의 과학인류학을 통해 구축한 바는 바로 과학에 대한 '사회구성주의'적 입장이라고 말한다. 이것이 합리주의라는 미명하에 소칼과 브리크몽이 행한 '장난질'을 추동한 동력인데, 자연과학은 진리이고 보편이기에 언어든 사회든 그 무엇에 의해 구성된 것이 아니라는 관념이 그 핵심이다. 소칼과 브리크몽은 이러한 오해 속에서 라투르를 도저히 용서할 수 없었던 것이다. 하지만 라투르가 『실험실 생활』의 재판에서 원래 부제에 들어 있던 '사회적'이란 형용사를 제거했다는 점에 주목해야 한다. 그러니까 라투르도 자신의 논의가 포스트모더니즘적 사회구성주의, 더 나아가 언어구성주의로 읽힐 것을 우려했고 자신의 관념을 그렇게 받아들여서는 안 된다는 점을 강조한 것이다. '사회적'이란 형용사를 제거하면 『실험실 생활』의 부제는 '과학적 사실의 구성'이 되는데, 이미 라투르가 '과학이 만들어지는 대로'라는 장에서 평이한 방식으로 친절히 설명해주고 있기에 간단히만 지적하자면, 여기에서 '구성'은 '생산'으로 이해해야 하며, 『실험실 생활』

이 구축하고자 하는 과학에 관한, 더 나아가 과학을 포함한 다양한 '존재들'에 관한 인식론을 온전히 이해하기 위해서는, 그러니까 라투르의 관념을 포스트모더니즘의 상대주의적 사회구성론과 혼동하지 않기 위해서는 『존재 양식의 탐구』까지 기다려야 한다. 『실험실 생활』을 통해 과학에 관한 자신의 태도, 결국 과학을 '만들어지다'와 '행해지다'의 의미를 모두 포함하며 한국어로 번역하기가 정말 까다로운 프랑스어 동사 se faire의 견지에서 '만들어지는 대로' 보고자 하는 '인류학적' 태도라 부를 수 있는 바를 확립한 뒤, 라투르는 두 권의 주저를 더 생산하면서 자신의 과학관, 다르게 말해 자신의 인식론을 완성하기 때문이다.• 그것이 첫번째는 『우리는 결코 근대인이었던

• 라투르의 과학철학에서 과학적 존재는 과학적 '활동'을 통해 '만들어지고 있는 상태'에 있는 것이다. 그래서 라투르는 '만들어지다'와 '행해지다' 모두를 의미하는 se faire 동사를 활용하는 것인데, 이러한 관념을 통해 라투르는 과학이 사회적으로 구성된다는 관념과 과학이 언젠가는 발견될 진리적 실재로서 날것 그대로 현실 어딘가에 놓여 있다는 관념 양자를 뛰어넘고자 한다. '과학이 만들어지는 대로'라는 라투르 과학인류학의 핵심 테제를 이해하기 위해서는 「나에게 실험실을

적이 없다』(1991)이고, 두번째는 『존재 양식의 탐구: 근대인의 인류학』(2012)이다.•

　이 세 권의 주저에서 라투르는 과학에 대한 상대주의와 구성주의를 주장하는 것일까? 전혀 그렇지 않다. 이는 『존재 양식의 탐구』만 읽어봐도 확실히 알 수 있는데, 이 방대한 저서에 대한 탁월한 요약이자 해설에서 파트리스 마니글리에는 『존재 양식의 탐구』가 하나의 '존재론'이고 '형이상학'이라는 점을 강조한다. 그러니까 라투르는 자신의 과학관과 인식론을 완성한 저서에서 사회에 의해서든 무엇에 의해서든 모든 것은 구성되었고 해석에 달린 것이며 과학 또한 예외가 아니라고 주장한 것이 아니라,

　　달라, 그러면 내가 세상을 들어올리리라」, 브뤼노 라투르 지음, 김명진 옮김, 『과학사상』 2003년 봄호 또한 반드시 참조.
• 　『우리는 결코 근대인이었던 적이 없다』, 브뤼노 라투르 지음, 홍철기 옮김, 갈무리, 2009와 『존재 양식의 탐구: 근대인의 인류학』, 브뤼노 라투르 지음, 황장진 옮김, 사월의책, 2023 참조. 후자의 경우 특히 말미에 수록된 파트리스 마니글리에의 해설을 반드시 참조할 것.

분명 존재하고 있는 것들이 취하는 각각의 '존재' 양식들을 인류학적으로 탐구하고 외교를 통해 이 존재 양식들에 대한 혼동과 갈등을 해결해야 한다고 주장했던 것이다. 결국 대문자 초월성이 있는 것이 아니라 '작은 초월성들'이 있는 것이고, 대문자 존재로서의 존재가 있는 것이 아니라 '타자로서의 존재들'이 있는 것이며, 대문자 진리가 있는 것이 아니라 '각각의 존재 양식에 각각의 진리'가 있는 것이다.* 라투르는 진리를, 존재를 부정하지도 거부하지도 않는다. 오히려 포스트-구조주의와 마찬가지로 대문자 진리가 있는지 없는지의 불모의 양자택일로부터 빠져나오면서 복수의 진리들을, 더욱 정확히는 복수의 존재 양식들을 생산의 견지에서 사유한다.

『존재 양식의 탐구』의 서론인 '제도를 다시 신뢰한다고?'에는 흥미로운 일화가 하나 등장하는데, 기후 위기를

---

* 앞서 언급한 마니글리에의 해설 참조.

믿지 않는 이들을 향해 오히려 이제는 기후과학자가 라투르의 이른바 '사회구성주의'를 받아들여 기후 위기 회의론자들을 설득하려 하는 외교를 수행한다는 것이다. 그러나 이를 라투르가 '결국 나의 사회구성주의적 과학관이 옳았다'고 젠체하며 말하는 것이 아님에 주의해야 한다. 라투르가 오히려 이 일화를 통해 지적하고자 하는 바는 과학자들이 가지고 있는 전통적 과학관의 문제를 기후 위기라는 생태학적 파국이 드러냈다는 것, 여기에서 우리가 나아가야 할 방향은 자신이 『존재 양식의 탐구』에서 세공하듯 바로 철학의 또는 라투르 자신의 임무로서 존재 양식들 간 외교라는 것이다. 마니글리에의 해설은 라투르의 사상을 더이상 사회구성주의로 오해하지 못하도록 이 점을 정확히 설명한다. 그러면서 마니글리에는 이러한 독특한 존재론과 형이상학은 라투르 평생의 작업이 보여주듯 철학의 영역에 갇히지 않으며 사회과학을, 더 나아가 자연과학을, 결국 '경험'을 향해 개방되어 있다는 점에서 21세기 우리에게 적합한 존재론과 형이상학이라는 점을 강조한다.

그런데 여기에서 마니글리에가 '라투르주의자'임과 동시에 발리바르의 제자로서 현대 프랑스 철학, 특히 포스트-구조주의 전문가라는 점에 주목해야 한다.『존재 양식의 탐구』해설을 통해 엿볼 수 있는 바이지만, 마니글리에가 시도하고자 하는 바는, 본서의 광범위한 논의들을 통해서도 확인할 수 있듯 철학으로도, 인류학으로도, 사회학으로도 등등…… 전혀 환원 불가능한 라투르의 '사상'을 현대 프랑스 철학의 전통으로 다시 끌어오려는 것이다. 물론 이는 현대 프랑스 철학자이자 구조주의 전문가로서 마니글리에가 라투르 사상의 독특성을 거세하는 방식으로 그 전통 내에 다시 욱여넣겠다는 것이 결코 아니다. 오히려 자신을 배태한 현대 프랑스 철학과 라투르의 사상을 다시 '외교'를 통해 화해시킴으로써 새로운 혼종적 사상을 생산하고자 하는 것이다.

필자의 매우 자의적인 방식으로 지금까지의 논의를 정리해보자. 문규민 연구자의 탁월한 정식화를 가져오자면 『존재 양식의 탐구』를 통해 '인류학적 시선으로 창설된 비근대인의 형이상학'의 길을 개척한 라투르와 『개념의 정념들』을 통해 '비판적 정치철학'의 길을 극한까지 밀어붙인 발리바르는 과학과 정치 또는 사실과 가치를 절합하는 두 가지 길을, 근대 인문사회과학과 그것이 추구해온 과학적 이상을 지양하는 두 가지 설득력 있는 길을 만들어냈고, 그 교차점에서 마니글리에는 라투르 사상을 현대 프랑스 철학 쪽으로 끌어당기려 하고 있다.[*]

필자는 마니글리에의 시도가 유망한 것이라고 생각하지만, 라투르가 이미 2022년에 타계했고 라투르 없이 라투르의 사상이 전 세계를 여행하고 있는 지금, 라투르의

---

[*] 문규민 연구자의 정식화는 출판사 사월의책이 개최한 『존재 양식의 탐구』 출간 기념 연속 강연 중 2023년 12월 19일 문규민 연구자가 수행한 1회 강연 〈『존재 양식의 탐구』와 신유물론의 미래〉에서 제시된 것이다.

사상을 어떻게 할 것인지는 각자에게 달린 일일 터다. 각자에게 각자의 라투르가 있을 것이기에. 라투르가 『실험실 생활』 그리고 『존재 양식의 탐구』를 통해 '과학이 만들어지는 대로' 과학을 보자고 요청하듯. 하지만 한 가지 분명한 것은, 라투르의 사상을 이를 배태한 현대 프랑스 철학이라는 맥락으로부터 떼어내려는 시도, 현대 프랑스 철학이라는 맥락에 대한 이해 없이 이를 활용하려는 시도가 지니는 난점이 존재한다는 것이다. 이미 마니글리에의 빛나는 해설이 보여주었듯, 라투르 사상의 진가를 향유하기 위해서는 포스트-구조주의를 포함한 현대 프랑스 철학에 대한 이해가 필수적이다. 왜냐하면 라투르가 자신의 사상을 벼려내기 위해 선택했던 방식이 바로 프랑스의 포스트-구조주의와 미국의 포스트모더니즘의 사잇길을 내는 것이었기 때문이다.

비판이론가로서 브뤼노 라투르

그렇다면 라투르는 구체적으로 어떻게 프랑스의 포스트-구조주의와 미국의 포스트모더니즘의 사잇길을 내었을까? 실은 이 지점을 다루기 위한 포석으로 앞서 발리바르와 라투르라는 화해 불가능해 보이는 두 사상가를 마니글리에를 매개로 접붙이면서도 동시에 맞세웠던 것이다. 우선 라투르는 미국의 포스트모더니스트가 아니라는 점을 재확언하자. 『존재 양식의 탐구』에서 주장하듯 라투르는 진리를 부정하는 것이 아니라 각 존재 양식의 진리를 확보하고 이 존재 양식 간 외교를 철학자로서 수행하고자 하기 때문이다. 그렇다면 라투르는 프랑스의 포스트-구조주의로부터는 어떻게 빠져나올까? 바로 『우리는 결코 근대인이었던 적이 없다』에서 근대인의 헌법을 '비판'함으로써다. 프랑스의 포스트-구조주의를 포함해 근대의 사유 전체는 근대인의 헌법에 종속되어 있다. 그 핵심만 간단히 말하자면 이는 근대인이 비인간 행위자를 그에 온당한 방식으로 사유하지 못했다는 것을 의미한다. 즉 근대인의 사유를 비판한 포스트-구조주의 또한 마찬가지이며, 포스트모더니즘 또한 크게 다르지 않다는 것이다.

하지만 기후 위기를 비롯한 생태학적 파국은 우리에게 '모든 것을 전부 다시 해야 한다'고 요청한다. 라투르의 생각에는 단순히 인간 행위자 중심의 사유에 비인간 행위자를 추가하는 것으로, 비인간 행위자의 목록을 끝도 없이 늘리는 것으로 해결될 문제가 아닌 것이다. 오히려 근대인의 헌법을 넘어서기 위해서는 인간 행위자 중심의 근대인의 사유 전체를 완전히 해체한 뒤 재구성해야만 한다. 이 작업을 라투르는 자신의 전 저작에 걸쳐 스스로 수행하고 있으며, 이를 통해 다른 이들에게도 자신처럼 해보라고 요청하는 것이다. 그리고 이러한 작업의 수행이 상대주의나 구성주의는 아닐까를 존재론적 인식론적으로 걱정할 것 없이 자신을 따라오도록 사람들을 안심시키기 위해 쓴 저작이 바로 『존재 양식의 탐구』다. 조금 더 강하게 해석하자면 『존재 양식의 탐구』가 근대인의 사유를 해체하고 '모든 것을 전부 다시 하는' 존재론과 형이상학, 즉 철학의 범례가 되기도 하는 것이다. 자신의 사유 전체의 결정판이라 할 수 있는 이 위대한 존재론적이고 인식론적인, 결국 마니글리에가 강조하듯 '형이상학적인' 저작에서 라투르는 근대인의 헌법을 넘어, 인간 행위자 중심의 근대인의 사유를 넘어, 비인간 행위자와 함께 사유하는 것이 취할 수 있는 존재에 관한 정교한 관점을 제출한다. 『존재 양식의 탐구』가 보여주듯 이러한 관점은 그 어떠한 의미에서도 상대주의적이거나 구성주의적이지 않다.

이제 이 지점에서 비판이론가로서 브뤼노 라투르에 대해 논해볼 수 있지 않을까? 우선 현행성의 철학자 발리바르가 『개념의 정념들』에서 강조하듯 우리는 현행성 actualité, 그러니까 '오늘날 지금 여기 우리가 놓여 있는 이 현실' 아래에서 사유하고 실천해야 한다. 어떠한 대문자 관념 아래에서, 이를 향해 또는 이를 위해 사유하고 실천하는 것이 아니라. 심지어 그것이 '소수자'나 대문자 '생태'라 할지라도 말이다. 그러니까 어떠한 체계를 구축하는 사유가 아니라, 철학자가 놓여 있는 현행성 또는 정세 아래에서 이 현행성 또는 정세에 이 철학자의 신체와 정신을 온전히 맡기고, 그 역사적 리듬 속에서 자신의 모든 육체적이고 정신적인 힘을 발휘해야 하는 철학이 바로 현행성의 철학이다. 결국 이러한 철학의 사유와 실천이 바로 발리바르가 요청하는 '정세 내에서의 철학적 글쓰기'인 것이고.

그렇다면 동시대 우리의 현행성은 무엇일까? 말할 것도 없이 바로 기후 위기로 대표되는 생태학적 파국이다. 말년의 라투르는, 말년의 피에르 부르디외, 말년의 자크 데리다 등이 똑같이 각자의 정세 속에서 글을 썼듯, 생태학적 파국이라는 정세 속으로 뛰어들어 사유하고 실천한다. 라투르는 전방위적 실천을 통해 이 생태학적 파국에 우리가 대비해야 한다고 강조하는 것이다. 물론 당연히 사상가로서 라투르가 구체적 해결책을 제시하는 것은 아니다. 하지만 우리가 어떠한 '사상적 대비'를 해야 하는지, 어떤 방식으로 사유해야 이 위기를 돌파할 실마리를 발견할 수 있을지의 문제에서 그는 우리와 함께한다. 그것이 바로 말년의 대작 『존재 양식의 탐구』의 정치철학적 실천적 의미다. 앞서 이미 언급한 『존재 양식의 탐구』에서 기후과학자와 기후 위기 회의론자의 대화는 우스꽝스러우면서도 마냥 웃을 수만은 없는 쏩쓸함을 자아낸다. 결국 라투르가 하고자 하는 바는 우리가 어떤 존재론적 인식론적 관점을 가지고 이 생태학적 파국에 대비해야 기후 위기 회의론자들을 설득해 위기를 돌파할 수 있을지 알려주려는 것이다. 2024년 도널드 트럼프의 당선으로 전개된 기후 위기의 새로운 국면은 우리가 생각하던 방식대로 생각하고 행동하던 방식대로 행동해선 어림도 없다는 것을 보여준다는 점에서 라투르의 존재론적 인식론적 관점이 우리 투쟁의 무기가 되어야 함을 방증한다.

앞서 언급했듯 라투르는 포스트-구조주의를 포함한 넓은 의미의 비판이론, 그러니까 사상의 좌반구 또는 좌파적 사유의 전통으로부터 빠져나오고자 한다. 라투르가 '생태 계급'을 이야기하는 것만으로도 이를 충분히 짐작할 수 있는데, 조금 더 나아가보자면 「왜 비판은 힘을 잃었는가? 사실의 문제에서 관심의 문제로」에서 라투르는 좁은 의미든 넓은 의미든 비판이론 전체의 금과옥조인 비판적 태도를 거부한다.• 대신 라투르는 존재에 관한 비환원의 원리로부터 도출되는 '비-비판주의', 그러니까 '사실의 문제'가 아닌 '관심의 문제'의 '실재론'에 의거한다. 『존재 양식의 탐구』의 견지에서 말하자면 라투르는 비판을 외교로 대체하고자 하는 것인데, 오늘날 기후 위기 회의론자들을 상대하는 기후과학자들이 수행하고 있는 것

• 「왜 비판은 힘을 잃었는가? 사실의 문제에서 관심의 문제로」, 브뤼노 라투르 지음, 이희우 옮김, 『문학과 사회』 2023년 가을호(제143호) 참조.

이 정확히 이것이다. 그러나 이미 강조했듯 이를 라투르의 포스트모더니즘, 그러니까 진리란 우화에 불과하고 모든 것은 해석에 달려 있기에 진리에 의거한 비판이 아니라 설득이 중요하다고 주장하는 것으로 오해해서는 안 된다. 오히려 라투르의 기획은 비판이론이 진리에 관한 포스트-구조주의적 관점을 취하면서도, 진리에 관한 전통적 관점에서만 유효할 수 있는 비판적 태도에 머묾으로써 포스트-구조주의적 관점을 효과적으로 활용해 사유하고 실천하지 못했다는 점을 폭로하는 것이다. 그리고 비판이론은 이 점에 대한 철저한 자기반성이 필요하다.

그러니까 정리하자면 라투르의 '비판이론에 대한 비판'의 맥은 크게 두 가지다. 하나는 비판이론이 자신의 사유와 실천에서 비인간 행위자를 고려하지 못했다는 것, 다른 하나는 비판적 태도가 과연 세계를 효과적으로 변화시킬 수 있는지에 대한 의문이다. 이 두 가지 비판은 앞으로 라투르 없이 생태학적 파국을 그 사유와 실천으로 극복해

나가야 하는 비판이론이 진지하게 받아들여 고민하고 답변해야 할 것들이다. 하지만 그럼에도 필자는 '비판이론 가로서 라투르'를 논할 수 있지 않을까 가설적으로 생각해본다. 마니글리에가 라투르의 사상을 현대 프랑스 철학으로 끌어오려 했듯이.

이는 단순히 라투르가 말년의 부르디외와 같이 참여지식인으로서 생태학적 파국에 맞서 싸우고자 했다는 의미가 아니다. 오히려 라투르는 생의 말년 전체를 어떠한 지식인으로서의 '참여engagement'가 아니라 외교관-철학자로서의 '교섭négociation'을 위해 보냈기 때문인데, 그럼에도 우리는 분명 그가 외교관-철학자로서 행했던 교섭이 일종의 정세적 '개입intervention'이었다고 충분히 말할 수 있을 것이다. 라투르가 비판적 태도를 거부했던 것은 비판 그 자체가 무의미하기 때문이 아니라 20세기 비판이론이 해왔던 사유와 실천, 그러니까 비판이 앞서 언급한 두 가지 이유로 생태학적 파국의 현행성에서 더이상 유효하지 않기 때문이었을 거라 짐작한다. 라투르 또한 '비판이론을 비판'하고 있는 것에서 눈치챌 수 있듯 비판이라는 수단 없이 비판의 자장으로부터 벗어날 수는 없다. 라투르가 이를 몰랐다고 생각할 수는 없기에, 오히려 라투르는 우리에게 새로운 정세에서 새로운 비판적 태도를 취해보자고 제안했던 것이라 필자는 생각한다. 필자는 「왜 비판은 힘을 잃었는가?」라는 텍스트를 이렇게 자의적으로 읽는다. 이제는 완전히 새로운 모습의 비판이론을 현행성의 철학자로서 라투르와 함께 만들어나가기 위해서.

'정치학적 더블클릭'을 넘어, 모든 것을 전부 다시 하기

하지만 비판이론가로서, 포스트-구조주의 연구자로서 라투르에게 한 가지 비판을 가하지 않을 수 없을 것 같다. 라투르라는 선생으로부터 배운 만큼, 이제는 답변할 수 없는 그를 진정으로 애도하기 위해서 말이다. 진태원 연구자가 「인류세와 민주주의」에서 라투르에 대해 제출한 비판을 필자의 방식대로 정식화해보고자 한다. 라투르는 ANT라는 방법론으로부터 『존재 양식의 탐구』에 이르기까지 매개와 번역의 사유를 집요하게 강조한다. 그리고 그 이면에는 '신으로부터의 계시'에 따라 쓴 「비환원」(1984)에서 라투르가 제출한, 매개와 번역이라는 개념과 직결될 수 있는 '비환원의 원리'가 놓여 있다.[•] 라투르는 비인간 행위자를 사유하지 못하는 근대인들, 특히 근대의 비판이론가들은 매개와 번역에 무관심했다고, 이는 이들이 비환원의 원리를 무시하거나 이에 무지했기 때문이라고 비판한다. 하지만 바로 그렇기에 진태원 연구자가 「인류세와 민주주의」에서 비판하듯 라투르 자신이 그 정치철학에서 매개와 번역 없이 '무매개적으로immédiatement' 생태 계급을 전제하고 생태 정치를 호소하고 있다는 점

• 『미생물: 전쟁과 평화』의 2부를 구성하는 '비환원'은 애석하게도 아직 국역되지 않았다. 라투르 사상의 정확한 이해를 위해서는 이 텍스트의 엄밀한 번역이 필수적이다.

을 비판하지 않을 수 없다.[*] 『실험실 생활』에서부터 『우리는 결코 근대인이었던 적이 없다』를 거쳐 『존재 양식의 탐구』에 이르기까지 라투르가 자신의 주저들에서 세공했던 매개와 번역, 더 나아가 이러한 관념들로부터 도출되는 외교라는 관념과, 『녹색 계급의 출현』에서부터 『지구와 충돌하지 않고 착륙하는 방법』을 거쳐 『나는 어디에 있는가?』에 이르기까지 자신의 '정세 개입적 저서들'에서 세공했던 '저항전략' 간 거리로 인해 발생하는 유격의 문제를 모른 체하기는 어려울 것 같다.[**] 이러한 유격의 발생 이면에는 라투르가 정치를 사유할 때 자신이 정식화했던 비환원의 원리를 무시한다는 또는 모른 체한다는 점이 놓여 있는 것 아닐까? 조금 더 도발적으로 말하자면, 발리바

● 「인류세와 민주주의」, 진태원 지음, 『문학동네』 2024년 봄호(제31권 제1호 통권 118호) 참조.

●● 『녹색 계급의 출현』, 브뤼노 라투르, 니콜라이 슐츠 지음, 이규현 옮김, 이음, 2022와 『지구와 충돌하지 않고 착륙하는 방법』, 브뤼노 라투르 지음, 박범순 옮김, 이음, 2021, 그리고 『나는 어디에 있는가?』, 브뤼노 라투르 지음, 김예령 옮김, 이음, 2021 참조.

르는 그러한 유격의 문제로 라투르를 간접적으로 비판하면서 근대 정치철학의 경계 또는 첨단에 머무르고자 했던 것 아닐까?•

발리바르 또한 의거하는, 근대 정치철학의 최전선에서 싸우는 푸코를 끌어와 다음과 같이 질문해보자. 피에르 다르도와 크리스티앙 라발 같은 푸코주의자들이 주장하듯 오늘날 우리가 겪고 있는 이 악몽 같은 세계는 1917년 러시아혁명의 반작용이 쓴 역사의 결과라는 점을 이렇듯 사뿐히 무시하고서 정말로 생태 계급의 정치학을 논할 수

• 「생명정치적 개념으로서의 인간종」, 에티엔 발리바르 지음, 최원 옮김, 『문화과학』 2022년 봄호(통권 제109호) 참조. 발리바르의 이 글은 최신 인류학의 다자연주의적 관점주의, 특히 에두아르두 비베이루스 지카스트루의 그것에 의거해 포스트-구조주의, 더 넓게는 철학적 인간학의 편으로 현재의 새로운 흐름의 화두를 끌고 오려는, 그럼으로써 더 넓고 깊은 관점에서 이 문제에 접근하려는 시도를 집약한다. 『식인의 형이상학: 탈구조적 인류학의 흐름들』, 에두아르두 비베이루스 지카스트루 지음, 박이대승, 박수경 옮김, 후마니타스, 2018 참조. 또한 레비스트로스를 중심으로 포스트-구조주의의 견지에서 라투르의 대칭성 인류학을 재구성하려는 흥미로운 시도로는 『대칭성 인류학: 무의식에서 발견하는 대안적 지성』, 나카자와 신이치 지음, 김옥희 옮김, 동아시아, 2005 참조.

있는 것일까?• 푸코주의자들의 통치성이라는 개념을 조금 느슨하게 활용해 말해보자면, 생태학적 파국 앞에서도 주체가 발휘하는 '비판하고 저항하지 않고자 하는 의지', 이 기막히고 통탄할 만한 의지에 대해, 그러니까 인간 행위자의 주관 또는 예속적 주체화에 대해 집요하게 캐묻지 않고서 정말로 생태 계급의 정치학을 논할 수 있는 것일까? 정말 우리는 이제 그만 멈춰도 좋을 만큼 인간 행위자에 대해 충분히 사유한 것일까? (신)자유주의 통치 양식에 대한 분석 없이 생태 문제로의 이동은, 그러니까 더블 클릭은 불가능하며 필연적으로 실패할 것이다.

• 『새로운 세계합리성: 신자유주의 사회에 대한 에세이』, 피에르 다르도, 크리스티앙 라발 지음, 오트르망 옮김, 그린비, 2022와 『내전, 대중 혐오, 법치: 신자유주의는 어떻게 지배하는가』, 피에르 다르도, 크리스티앙 라발, 피에르 소베트르, 오게강 지음, 정기헌 옮김, 장석준 해제, 원더박스, 2024를, 더 나아가 『피투자자의 시간: 금융 자본주의 시대 새로운 주체성과 대항 투기』, 미셸 페어 지음, 조민서 옮김, 리시올, 2023도 참조. 새로운 흐름 중 신유물론에 대한 푸코주의자의 평가로는 『사물의 통치: 푸코와 신유물론들』, 토마스 렘케 지음, 김효진 옮김, 갈무리, 2024 참조.

라투르가 이 점을 모른 체하는 것은 자신의 죽음 이후 도래할 생태학적 파국을 경고하기 위한 노학자老學者의 결단으로 인한 것일까? 물론 그렇게 해석할 수도 있겠지만, 필자의 생각에 이는 진태원 연구자가 비판하듯 라투르가 외교라는 일종의 저항전략을 통해 비판이론의 기존 저항전략, 즉 비판적 태도를 넘어서는 데서 맞닥뜨리는 어떠한 난점의 증상 아닐까 싶다. 그리고 이러한 난점의 근본으로 가기 위해서는 다음을 지적해야 한다. 정말로 근대 사상의 핵심이 주체-대상 이분법으로 환원되는지, 데카르트가 그런 이분법을 제시한 '원흉'으로 환원될 수 있는지, 그렇게 근대 철학을 간단히 요약해버릴 수 있는지는 분명 따져 물을 필요가 있는 문제이며, 오히려 근대사상은 포스트-구조주의와 같이 주체-권력 개념 쌍을 사유하는 길을, 더 나아가서는 이 새로운 흐름의 일본식 표현으로 '포스트-포스트-구조주의'가 비인간 행위자를 주체와 권력이라는 개념 쌍을 통해 앞으로 재사유할 수 있도록 그 길을 터주기도 했다는 점을 기억해야 한다고. 오히려 주체의 예속적 주체화와 이 주체의 탈예속화를 사유하면서도 주체의 외연을 비인간 행위자로까지 확장하는 게 이론적으로 더 유망한 길이 아닐까?

"생태학적 위기의 열쇠는 생태학 그 자체에 존재하지 않는다"는 슬라보예 지젝의 도발적인 주장을 진태원 연구자가 인용하며 강조하듯, 생태학으로 나아가기까지 우리에게는 번역해야 할 어마어마한 수의 매개자들이 존재한다. 왜냐하면 정치에서도, 라투르 자신의 지적대로, 그 무엇도 다른 그 무엇으로 환원 가능하지도 환원 불가능하지도 않기 때문이다. 라투르가 비판하는 이른바 '더블클릭', 그러니까 마치 매개 없이 직접적으로 한 지점에서 다른 지점으로 이동할 수 있다는 듯 구는 행위는 철학뿐만 아니라 정치에 관한 철학, 즉 정치철학에서도 금지되어야 하는 것이다. 사실 진태원 연구자가 지적하듯 비판이론 내에서 에르네스토 라클라우와 샹탈 무프, 또는 알튀세르와 같은 좌파 정치철학자들은 모순과 적대, 등가연쇄와 과잉결정 등과 같은 개념들을 통해 이러한 매개와 번역을, 비환원의 원리를 각자의 방식으로 고민해왔다. 이들이 이러한 개념들을 통해 사유했던 관념이 바로 분절, 접합, 절합 등으로 다양하게 번역되는 '아티큘레이션 articulation'인데, 이들은 모순 또는 심급 간 절합과 이러한 절합들을 결절점들로 취해 이루어진 구조를 사유함으로써 더블클릭 없는 정치철학을 세공했다. 이런 맥락에서도 우리는 라투르 사상을 비판이론으로 다시 끌어올 필요가, 마니글리에의 표현대로 인류학자가 '타자의 빛으로 자기 자신을 재서술'하듯 라투르 사상은 비판이론의 빛으로 자기 자신을 재서술할 필요가 있을 것이다. 물론 이 해제 내내 강조했듯 좌파 정치철학 또한 라투르의 빛으로 자기 자신을 재서술할 필요가 있다는 건 말할 것도 없고.

알튀세르가 『마르크스를 위하여』에서 통찰력 있게 주장하듯 과거로부터 유증받은 모순은 자연적으로는, 그러니까 우리가 '싸워 해결하지'(마르크스) 않는다면 사라지지 않는다.• 우리는 이렇듯 자연적으로는 사라지지 않는 모순, 과거로부터 유증받은 모순 속에서 사유하고 실천할 수밖에 없도록 이 세계 속에 던져졌다. 그렇기에 비판이론의 유산을, 현대 프랑스 철학의 유산을, 그것이 오랜 기간 세공한 비판적 태도를 상속받지 않을 수 없다. 하지만 동시에…… 우리는 모든 것을 전부 다시 해야 한다. 비판이론이든 현대 프랑스 철학이든 비판적 태도든. 왜냐하면 동시대 우리는 라투르가 발견한 또는 재확언한 새로운 모순을 마주하고 있기 때문이다. 등가연쇄가, 과잉결정이 정말 옳은 개념이라면, 그 개념들의 함축이 제안하듯 우리는 모순에 관한 기존의 사유 전체를 다시 해야 한다. 단순히 기존 사유체계 내에 생태학적 모순이라는 또하나의 모순을 추가하는 피상적 방식이 아니라, 근본에서부터 사유체계 전부를 다시 하도록 만드는 바로서 이 생태학적

• 『마르크스를 위하여』, 루이 알튀세르 지음, 서관모 옮김, 후마니타스, 2017 참조.

모순을 받아들이는 방식으로.

라투르주의자들이 기존 사유체계에 가지는 불만은 그 이론가들이 등가연쇄와 과잉결정의 관념을 배반하면서 생태학적 모순을 그저 외부에서 추가되는 또하나의 단순한 모순으로, 자신들의 이론체계를 뒤집어엎을 필요까진 없는 사소한 모순으로 환원시켰기 때문 아닐까? 라투르주의자들이 비판이론가들에게 당신들은 비환원의 원리를 무시하거나 모르며 비인간 행위자에게 그에 걸맞은 지위를 부여하지 않는다고 비판할 때, 비판이론가들은 이들의 비판을 너무 가볍게 여기는 것 아닐까? 우리 또한 장치 dispositif, 기술description 등의 개념을 통해 비인간 행위자의 물질성을 사유한다고 변명하면서.

반면 비판이론가들이 라투르주의자들에게 당신들은 자본주의, 국가권력, 경제 불평등 등에 대한 지금까지의 사회과학적 논의들을, 더 나아가서는 인간 행위자에 대한 지금까지의 심원한 철학적 논의들을 사뿐히 건너뛰고서 '평평'하기에 윤리적으로 보이지만 실은 지극히 불평등하고 비윤리적인 어떠한 의심스러운 존재론과 정치철학을 제안한다 비판할 때, 라투르주의자들은 이들의 비판을 너무 가볍게 여기는 것 아닐까? 이러한 더블클릭이란 불가능하다는 것, 외교로 비판을 환원시킬 수도 없고 비판으로 외교를 환원시킬 수도 없다는 것, 이 모든 것을 포괄하기 위해서는 말 그대로 '모든 것을 전부 다시 해야 한다'는 점을 양편 모두 무시하고 있는 것 아닐까? 어쩌면 지금의 우리에게는 불가능할 수도 있는 그러한 과업을. 필자의 개인적 의견으로, 아직까지 우리에게는 이러한 '대립물들 간의 통일'을 가능케 할 사유가 마련되어 있지 않은 것 같다. 발리바르의 지론대로 그러한 통일은 불가능할 수도, 그리고 불필요할 수도 있을지 모르지만. 왜냐하면 발리바르에게, 그리고 필자의 생각에는 라투르에게도 철학적 글쓰기는 정세 내에서, 현행성 내에서 이루어지는 것이기 때문이다. 철학의 대상은 이러저러한 실체가 아니라 그저 현행성, 그러니까 오늘날 지금 여기 우리가 놓여 있는 이 현실이기 때문이다. 라투르가 옳을지 비판이론이 옳을지, 아니면 이 둘을 절합할 수 있는 어떠한 사유가 언젠가는…… 마련될 수 있을지는 다가올 정세가 우리에게 말해줄 것이다.

1989~1991년 현실사회주의 붕괴의 시기, 숱한 비판이론의 고전들이 등장했다. 라클라우와 무프의 『헤게모니와 사회주의 전략』(1985)부터 지젝의 『이데올로기의 숭고한 대상』(1989)을 거쳐 버틀러의 『젠더 트러블』(1990), 더 나아가서는 데리다의 『마르크스의 유령들』(1993)에 이르기까지. 하지만 비판이론가들이 결코 망각해서는 안 될 사실은 동일한 시기 라투르가 『우리는 결코 근대인이었던 적이 없다』라는 고전을 집필했다는 점이다. 그러니까 우리는 포스트-사회주의 시대, 신자유주의적 금융 세계화 시대로 진입하고 있을 뿐 아니라 신기후 체제로 진입하고 있다고 말하는 책을. 자유주의도 사회주의도 간과했으나

비인간 행위자 또한 민주주의와 정치의 주체이기에 우리의 철학과 정치를 전부 다시 해야 한다고 말하는 책을. 따라서 우리는 자본주의냐 사회주의냐가 아니라 근대인의 헌법이냐 그 너머냐를 결정해야 한다고, 결국 모든 것을 전부 다시 해야 한다고 말하는 책을. 트럼프가 당선되고 생태학적 파국이 코앞으로 다가온 오늘날, 라투르가 나아갔던 길이 불충분할지언정 옳은 길이었다는 점을 부정할 수는 없다.•

하지만 앞서 강조했듯 라투르는 비판이론가들과 동맹을 맺어야 한다. '인간, 사물, 동맹'을 말하듯 '라투르, 비판이론, 동맹'을 말해야 한다. 사회과학 내 행위자-연결망 이론과 비판인류학에 관한 조문영의 계발적인 논문이

• 우리가 모든 것을 전부 다시 해야 하는 절박한 상황에 놓여 있다는 점, 심지어 '대홍수'와 마주해 인문학을 수단으로 '문화적 방주'를 건설해야 한다는 점에 대해서는 『인류세에서 죽음을 배우다』, 로이 스크랜턴 지음, 안규남 옮김, 시프, 2023 참조.

지적하듯, 라투르의 사상적 혁신과 기왕의 비판적 인문 사회과학 간 대화, 더 나아가 논쟁은 아직 끝나지 않았으며, 오히려 오늘날 우리는 이 논쟁이 끝났다 성급하게 말하지 못하게 만드는 더 많은 질문들과 마주하게 되었을 뿐이다.•

비판이론은 모든 것을 전부 다시 해야 한다. 라투르라는 타자의 빛을 스스로에게 비춤으로써. 하지만 라투르 또한 매개와 번역, 비환원을 위한 동맹을 맺어야 한다. 비판이론과의 절합을 통해서.

• 「행위자-네트워크-이론과 비판인류학의 대화: '사회'에 관한 논의를 중심으로」, 조문영 지음, 『비교문화연구』 2021년 6월(제27집 제1호) 참조.

브뤼노 라투르 마지막 대화

초판 인쇄 2025년 2월 20일
초판 발행 2025년 3월 12일

지은이 브뤼노 라투르, 니콜라 트뤼옹
옮긴이 이세진
감수·해제 배세진

펴낸곳 복복서가(주)
출판등록 2019년 11월 12일 제2019-000101호
주소 03720 서울특별시 서대문구 연희로 28길 3
홈페이지 www.bokbokseoga.co.kr
전자우편 edit@bokbokseoga.com
마케팅 문의 031) 955-2689

ISBN 979-11-91114-73-7 03110

이 책의 판권은 지은이와 복복서가에 있습니다.
이 책 내용의 전부 또는 일부를 재사용하려면 반드시 양측의 서면 동의를 받아야
합니다.
이 책의 일부를 어떤 방식으로든 인공지능 기술이나 시스템 훈련 목적으로 사용하
거나 복제할 수 없습니다.
No part of this book may be used or reproduced in any way for the
purpose of training artificial intelligence techniques or systems.

잘못된 책은 구입하신 서점에서 교환해드립니다.
기타 교환 문의 031) 955-2661, 3580